心理教育与人文素质培养

王建波　陈美娜　张浩轩 ◎ 著

吉林出版集团股份有限公司

图书在版编目（CIP）数据

心理教育与人文素质培养 / 王建波，陈美娜，张浩
轩著． -- 长春：吉林出版集团股份有限公司，2024.7.
ISBN 978-7-5731-5425-5

Ⅰ．G4

中国国家版本馆 CIP 数据核字第 2024QX6197 号

心理教育与人文素质培养

XINLI JIAOYU YU RENWEN SUZHI PEIYANG

著　者	王建波　陈美娜　张浩轩	
责任编辑	张继玲	
封面设计	林　吉	
开　本	787mm×1092mm　　1/16	
字　数	160 千	
印　张	13	
版　次	2024 年 7 月第 1 版	
印　次	2024 年 7 月第 1 次印刷	
出版发行	吉林出版集团股份有限公司	
电　话	总编办：010-63109269	
	发行部：010-63109269	
印　刷	廊坊市广阳区九洲印刷厂	

ISBN 978-7-5731-5425-5　　　　　　　　　　　　　　定价：78.00 元

前　言

　　心理教育旨在帮助个体建立健康的心理状态，培养应对挑战和困难的能力。在现代社会中，人们面临着工作、学习、生活等多方面的压力，心理健康问题日益凸显。心理教育通过提供心理咨询、心理辅导等服务，帮助人们认识自我、理解他人，学会处理情绪、释放压力，从而提高生活质量，增强幸福感。人文素质培养，则强调对人性、文化、历史等方面的关注和思考。在科技日新月异的今天，我们很容易陷入"技术至上"的误区，忽视了对人文精神的追求。然而，正是这些看似"无用"的人文知识，构成了我们理解世界、认识自我、表达情感的基础。人文素质的培养，不仅有助于我们形成正确的价值观和世界观，更能让我们在快节奏的生活中保持平和、宽容的心态。

　　心理教育与人文素质培养，二者相辅相成，互为补充。一方面，心理教育为人文素质的培养提供了坚实的基础。一个心理健康的人，更容易接受和理解不同的文化、思想，更容易形成独立、开放的人文素养。另一方面，人文素质的培养又有助于心理教育的深入发展。通过对人性、文化、历史等方面的学习，我们可以更好地理解人类心理的复杂性和多样性，从而更有效地进行心理教育和辅导。

　　本书旨在探讨心理教育与人文素质培养的理论与实践，分析二者之间的关系和作用，提出有效的教育策略和方法。我们希望通过本研究，能够引起广大教育工作者和家长的重视，共同关注学生的心理健康和人文素质培养，为学生的全面发展贡献力量。

在写作过程中，笔者参考和借鉴了国内外许多专家、学者的研究成果，在此表示最诚挚的谢意。由于笔者能力有限，时间仓促，书中不乏疏漏与不妥之处，望广大读者给予批评和指正。

王建波　陈美娜　张浩轩

2024 年 3 月

目 录

第一章　心理教育的基本知识

素质教育坚持以人为本，这是当前世界各国基础教育改革的共同趋势。以人为本，就是要更加关注人的发展，促进人的健康成长，充分发挥育人的功能，促进青少年学生身心和谐发展、个性特长充分发展。以人为本，就是要从青少年学生身心发展规律出发，有效地运用各种教育方法、手段为学生一生的发展打好基础。以人为本，也是马克思主义社会发展理论的重要内容。

第一节　心理教育的背景

一、深化素质教育要求学校开展心理健康教育

知识经济时代的到来使教育面临巨大的挑战，同时也为教育的发展提供了契机。作为生产力最活跃的因素，人力资源成为知识经济的核心资源。人们喜欢把国家间综合国力的竞争，推理到具有"基础性、先导性、全局性"的教育竞争上来，素质教育便成为教育改革的必然选择。素质教育要着力使受教育者在思想道德素质、科学文化素质、身体素质、心理素质和生活技能素质等方面得到培养和提高，为学生学会做人、学会求知、学会劳动、学会生活、学会健体、学会审美打下扎实基础，使学生在德智体美劳等方

面得到全面的协调与发展。

"人们的社会历史始终只是他们个体发展的历史，而不管他们是否意识到这一点。只有人的发展才能促进社会的发展，整个人类社会的进步和发展是由人类的自由自觉本性的全面发展决定的。"① 在现代社会，人的主体地位、主体精神、素质的提高更加受到重视，人的可持续发展已经成为社会可持续发展的基础。国际 21 世纪教育委员会将"学会认识、学会做事、学会生存和学会共处"作为教育的四大支柱，其实质就是学习化社会中的自我创新与自我发展。

素质教育重视人的素质培养、人格的完善、个性的成长、精神的发育，这是教育固有的属性。亚里士多德曾提出和谐发展理论，认为人的发展是灵与肉两部分的和谐发展。康德认为，教育要均衡地和有目的地发展人的一切能力，从而把全人类引向它的目标。中国的传统文化里，饱含着完整人格的教育思想，孔子曰："质胜文则野，文胜质则史，文质彬彬，然后君子。"强调培养表里和谐统一，智、仁、勇兼备的君子，他的"礼"和"乐"统一的思想，突出反映了身心和谐发展的教育思想。《论语·学而》里"有朋自远方来，不亦乐乎？人不知而不愠，不亦君子乎"反映了对和谐的人际关系（包括同伴关系等）的追求和高度自律的处世原则。

素质教育对人的关注还体现在注重从生命的高度用动态生成的观点看待学校教育，提出"课堂教学的目标中应包括情感目标……是指向学生在对己、对事、对他人、对群体的情感体验的健康、丰富和情感控制能力的

---

① 马克思，恩格斯．马克思恩格斯选集 第 4 卷 [M]．中共中央马克思恩格斯列宁斯大林著作编译局，译．北京：人民出版社，1966．

发展"。① "课堂教学的完整目标还应包含学生意志、合作能力、行为习惯及交往意识与能力等多方面。只有师生的生命活力在课堂教学中得到有效发展，才能真正有助于新人的培养和教师的成长，课堂上才有真正的生活。"② 全面实施素质教育是教育观念的一场大变革。"实施素质就是全面贯彻党的教育方针，以提高国民素质为根本宗旨，以培养学生的创新精神和实践能力为重点，造就'有理想、有道德、有文化、有纪律'的德智体美劳全面发展的社会主义事业建设者和接班人。"③ 实施素质教育要求"针对新形势下青少年成长的特点，加强学生的心理健康教育，培养青少年坚韧不拔的意志和艰苦奋斗的精神，增强青少年适应社会生活的能力"。④

据此，有学者提出："最佳化的教育目标应体现学校对学生在思想道德素质、科学文化素质、审美素质、心理素质、身体素质和劳动技能素质几个方面发展水平的综合性要求。"⑤ 这种关于人的素质结构的看法是符合教育实际的，其中心理素质是人的素质结构的核心因素，是使人的素质各部分联系起来成为主体自身能动发展的内部根据。完整的心理素质结构包含认知品质、情绪、意志、个性倾向性（兴趣、需要、理想、信念、世界观）和个性心理特征（性格能力、气质）等多方面因素。心理素质对其他素质的影响主要表现为：

---

① 叶澜. 教育概论 [M]. 北京：人民教育出版社，1991.
② 叶澜. 让课堂焕发出生命活力 [J]. 河南教育，2002，（3）：1.
③ 中共中央国务院关于深化教育改革全面推进素质教育的决定 [J]. 内蒙古教育（A），1999，（7）：3-7.
④ 段志忠，邹满丽，滕为兵. 教育管理与学生心理健康 [M]. 长春：吉林人民出版社，2017.
⑤ 程利国. 皮亚杰心理学思想方法论研究：关于实践唯物主义心理学的活动理论 [M]. 福州：福建教育出版社，1999.

①心理素质直接控制着人体的生理活动，调节着活动能量的释放，对增进生理机能和提高身体素质有重要影响。

②良好的心理素质是内化科学文化知识的必要主观条件。认知心理能力直接关系到内化的方式、过程及效果；情感、兴趣等非认知心理品质则往往成为内化过程中的动力因素。

③良好的心理素质包含着道德认知、道德体验、道德情感及道德意志等方面的因素。

④人的外在行为受人的多种心理因素支配，心理素质对人的整个行为模式以及一生行为具有直接影响。因此，提高心理素质是素质教育的关键。

深化教育体制改革，全面推进素质教育，已成为党和国家的重大决策。素质的概念，心理学界向来不敢概括，但科学的探索和教育实践的发展，对我们建立科学的素质观不无益处。美国著名学习和教学心理学家罗伯特·加涅（R.M.Gagné）在《教学设计原理》（1992 年第 4 版）中对学生素质的成分和组织作了系统的分析，强调学生是学习者，他们身上形成的素质应有利于继续学习和未来的发展。加涅把学生的素质分成三类：先天的、习得的和自然发展中形成的。先天的素质是不能被教学所改变的，教学应适应它们，因材施教；自然发展中形成的素质是能力和人格特质，它们不易被教学所改变。因此，教学的开展应针对学生习得的素质，即智慧技能、认知策略、言语信息、动作技能和态度。①

在我国，学界对"素质"进行了多角度的分析。一般认为，素质既包括了先天遗传特征又包括后天习得的素养，是指有机体在先天生理基础上

① 林颖，姚夏倩.从加涅的学生素质观看素质教育 [J].心理科学杂志，2000（2）：

通过环境和教育的作用逐渐发育和成熟，并通过认识活动和实践活动而形成或内化为个体相对稳定的、基本的、衍生的和具有发展潜在性的品质。这些品质具有基本性、相对稳定性、结构整合性、功能衍生性和发展潜在性等基本特征。由此可见，心理素质是人的基本素质，在人的素质结构中，心理素质介于自然素质和社会素质之间，是人的素质结构的核心因素，也是素质的基础和核心。

心理素质影响和制约着其他素质的形成、发展和发挥。心理健康教育具有重要的教育价值，从功能上看，心理健康教育使受教育者获得一定的心理知识基础，虽然心理健康教育不主张向学生传授系统的心理学知识，但是，一定的心理基础知识是发展心理能力、形成良好心理品质、掌握科学的心理方法的基础，使受教育者的观察力、记忆力、想象力、思维、注意力、创造力、适应能力、承受能力、自制力等都可以得到发展，使受教育者形成良好的心理品质，使受教育者形成良好的观察品质、记忆品质、思维品质、注意品质等智力品质，同时形成合理的需要、正确的动机、积极而稳定的情绪、高尚的情感、顽强的意志、良好的性格、完善的人格、乐观的心态等非智力心理品质，使受教育者掌握科学的心理方法。

素质教育的根本目标就是培养学生的良好素质，在素质结构中，生理素质主要取决于先天遗传和后天生长发育的条件，科学文化素质主要靠学校科学文化教育，思想道德教育的培养主要通过德育和社会教化来实现。当前学生心理素质的培养主要通过心理健康教育，其目标就是培养学生良好的心理素质。从一定意义上说，心理素质决定着各种素质的质量水平，

192-195.

甚至决定着学生最终能否成才。

二、身心和谐发展是未来社会对学校人才培养的客观要求

近年来，学校心理健康教育不断深化，不断拓宽心理健康教育的视野。心理健康教育在实施素质教育的进程中，越来越显示出其重要性和不可替代性。从社会变革对人才的需求来看，当今世界科学技术飞速发展，国际竞争日趋剧烈，中华民族要实现伟大复兴，需要高素质的劳动者和专业人才，未来社会对人才的心理素质的要求日益突出。从青少年学生身心发展来看，随着生理、心理的发育和发展，竞争压力的增大，社会阅历的扩展及思维方式的变化，在学习、生活、人际交往和自我意识等方面可能会遇到或产生各种心理问题。身心和谐统一是现代人自身发展的必然要求，也是社会对学校人才培养的客观要求。美国社会学家英格尔斯提出了现代人应具备的12种特征：

①准备和乐于接受他未经历过的新的生活经验、新的思想观念、新的行为方式。

②准备接受社会的改革和变化。

③思路开阔，头脑开放，尊重并愿意考虑各方面的不同意见、看法。

④注重现代与未来，守时，惜时。

⑤强烈的个人效能感，对人和社会的能力充满信心，力争讲求效益。

⑥计划。

⑦知识。

⑧可依赖性和信任感。

⑨重视专门技术，有愿意根据技术水平高低来领取不同报酬的心理基础。

⑩乐于让自己和他的后代选择离开传统所尊敬的职业。敢于挑战对教育的内容和传统智慧。

⑪相互了解，尊重和自尊。

⑫了解生产及过程。

三、学校心理健康教育要关注青少年学生心理素质现状和身心发展需要

青少年学生正处于青春期，是人的一生中生理、心理发展急剧变化的时期之一，心理学家称之为"风暴期""心理断乳期"等，一方面，这一阶段理想、信念迅速变化，是价值观、人生观、世界观从萌芽趋于形成的时期，他们开始以道德观念指导自己的行为。另一方面，这个阶段又是生理迅速成长成熟，而心理发展滞后于生理发育的青春期：逻辑思维发展很快，但思维的批判性尚待成熟，容易造成主观和片面，情绪情感日渐丰富，但自制力差，容易出现逆反、对抗心理，表现出幼稚与成熟，冲动与自制，独立性与依赖性错综复杂等特点，这一阶段的教育，处理得好，学生会趋于成熟化，处理得不好，必然会产生各种的心理问题。这一时期形成的观念、态度和经验将对今后的人生发展产生重大影响。社会的巨大变革使人们的价值观、生活方式、思想观念发生了深刻的变化，如今音像、报刊、网络等媒体冲击着、影响着青少年学生，因而他们情绪骚动、内心冲突等"动荡不安"的特点更加凸显。青少年学生普遍存在不同程度的心理问题，这是成长的烦恼，如焦虑、自卑、人际关系敏感，适应不良、敌对倾向，强

迫症倾向、抑郁、情绪不稳、心理不平衡等。因此心理健康教育的重要作用在于帮助学生了解自身的心理特点，促使自我意识的发展和完善，并提高心理免疫能力。

当代青少年学生表现出来的心理问题已经引起了整个社会的关注。国内外的实践证明，心理健康教育并不仅仅是指一套方法和技术，更重要的是其体现了一种实践性很强的先进科学的教育观念，心理健康教育的普及将有助于教育工作者观念的更新与教育方法的改善，有助于促进青少年学生的成长。

第二节　心理教育的原则和意义

一、学校心理健康教育是一种新型的素质教育观念

所谓心理健康教育，是指教育者根据青少年学生生理、心理发展的特色，运用心理学等多种学科的理论与技术，对青少年学生进行心理健康知识与技能的教育及训练和心理咨询与辅导，帮助学生解决成长过程中的心理问题，培养学生良好的心理素质，促进学生身心全面和谐发展和整体素质提高的教育活动。心理健康教育是学校素质教育的重要内容，是素质教育的基础和中介，是实施素质教育的重要途径。在现代教育中，体现了一种全新的教育观念。

（一）主体性的学生观

传统教育强调的是以教师为中心、以教师的教为中心、以教室为中心，

而心理健康教育强调的是以学生为中心、以学生的学为中心、以全体学生积极主动参与活动为中心。心理健康教育强调学生是自己认识、成长和发展的主体，是自己生活的主人，突出学生的主体地位，充分发挥学生的主体作用，激发和调动学生自我心理发展的积极性、主动性和自觉性，通过学生自我探索、自我体验、自我实践、自我教育，"使学生成为自主自动的思想家"，并学会独立地向前迈进，进而达到自我发展与完善。

（二）发展性的学生观

青少年学生的发展主要来自教育、教学和自身的学习，教育、教学和自身的学习是整个心理发展的主要源泉。所谓学生，即"学生活的知识，学生存的技能，学生命的意义"。①教育的根本目的在于教会学生做人，"学生"含义的灵魂是学生命的意义，生命的意义是学习生活知识和生存技能的动力，生活知识与生存技能则是通向生命意义的阶梯。心理健康教育以学生的成长、发展为中心，坚定三种信念：一是要让每一个学生都发展。心理健康教育面向的是全体学生，而不仅仅是有心理问题的学生。二是坚信每一个学生都会发展，都有发展的潜力。人的本性是积极的、向上的。美国心理学家罗杰斯指出：人类有机体都有一种天生的"自我实现"的动机，自我实现指的是一个人的发展、扩充和成熟的趋向。心理健康教育相信每一个学生都是有价值的、有潜能的，对所有学生的心理发展都持积极、乐观的态度。三是最大限度地激发、开发每一个学生的潜能。心理健康教育不是着眼于学生实际达到的心理发展水平，而是立足于学生心理的"最近发展区"，凭借学生现有的发展，创造出学生新的心理发展的基础，促进学

---

① 林崇德. 教育的智慧 [M]. 杭州：浙江教育出版社，2019.

生心理发展达到最佳水平。

（三）构建民主协作型的教育人际关系

心理健康教育是一种合作式、民主式的助人自助的过程，它遵循的是"他助—互助—自助"的进程。在这个过程中，学生既是受助者，又是助人者。作为受助者，学生可以得到他人的帮助和教益；作为助人者，学生可以用自己的思想与行动助人助己。教育者则是在师生合作的基础上，引导学生解决问题。它是一种积极的人际互助过程，体现的是一种新型的人际关系，强调师生间的真诚、亲密、尊重、理解、信任和支持，重视同伴间的互助作用、彼此交流、共同发展。建立一个平等、互惠和互相尊重的协作型人际关系。协作型的人际关系正是自律性道德和社会责任感的源泉。

目前，人们对心理健康教育的目标和功能还存在一些误区和消极倾向，弱化了心理健康教育的基本功能。

误区一：简单化。把学校心理健康教育仅视为德育的一种途径。虽然心理健康教育与德育在育人目标、内容、方法上有一定联系，而且学生道德品质的形成与某些心理发展水平密切联系，但心理问题与道德问题，无论从问题的特质、内容，还是从产生根源上看都不是一类问题。青少年的心理问题主要是在其发展中伴生的问题，较少直接涉及与社会规范关联的道德问题。从功能上看，心理健康教育应促进素质教育整体目标的实现，当然包括德育目标的实现，但不应只把心理健康教育视为实现德育目标的唯一途径。

误区二：片面化。把学校心理健康教育的目标和作用简单定位在消除学生的心理障碍、心理冲突等心理问题上。应该说，心理问题的消除，只是心理健康教育的功能之一，学校心理健康教育应面向全体学生，其主要目标是指导学生积极适应，促进学生心理健康发展。

误区三：个别化。把学校心理健康教育仅当成是对个别有人格缺陷学生的一种心理补救，目标是使这类学生形成完整的人格。人格作为人的心理素质的重要组成部分，心理健康教育有促进其完善的功能，但不应只是针对少数有人格缺失的学生，而应促进全体学生人格的完善。根据当前学校心理健康教育的实践和现状，需要特别注意防范和纠正形式化倾向、个别化倾向、医学化倾向、课程化倾向、德育化倾向。总之，心理健康教育应面向全体学生，全面提高学生的整体素质。

二、学校心理健康教育的重要意义

心理健康教育对实施素质教育，促进学生全面发展，对青少年学生身心健康成长，对促进学生思想品德发展，对促进社会主义精神文明建设等都具有重要意义。

首先，心理健康教育有利于实施素质教育，促进学生全面发展。

素质教育就是包括身心健康发展的教育。心理健康教育是以增进学生的心理健康水平，促进学生人格健全发展为目的的教育活动。其根本目标是培养学生良好的心理素质，开发学生的潜能，促进学生心理的健康发展。因此，从教育目标的角度看，心理健康教育的目标与素质教育的总目标具有一致性，因为素质教育的目标中就包括心理素质培养和心理健康教育的内容。实践证明，许多学校把开展心理健康教育作为贯彻落实素质教育的突破口，取得了良好的效果。

心理健康教育与德、智、体、美、劳都有着密切的关系，"五育"中包含了一定的心理健康教育的因素，但由于心理健康教育与"五育"既有联系又有区别。培养全面发展的人所需要的心理素质是"五育"所无法完全承担的，同时，"五育"需要以心理健康教育为基础和中介，心理健康教育对"五育"具有操作与动力、激励与增效等作用。因此，心理健康教育在整个教育体系和人的发展中就具有独特的意义。

其次，心理健康教育有利于促进学生身心健康。

据国外的经济学家研究发现，精神疾患的发病率与经济增长率之间呈微妙的正相关关系。在经济快速发展的地区，传统的传染类疾病和营养性疾病比例下降，而精神类疾患尤其是抑郁症和分裂症则呈快速上升之势。专家认为，从疾病发展史来看，人类已经从"传染病时代""躯体疾病时代"进入"精神病时代"。当今的"健康"概念，已不再单纯地指身体的健康。世界卫生组织明确定义："健康不仅是没有疾病和病态，还是一种个体在身体上、心理上和社会适应上健全安好的状态。"[①]不难看出，现代社会的健康观至少有这三个含义：机体健康，心理（或精神）健康，社会适应能力强。心理健康是健康的重要组成部分。心理健康往往影响机体健康，良好的情绪情感是机体健康的重要条件。同时，社会适应能力在一定程度上也是一种心理素质的表现形式。然而在现实生活中，这一健康新观念尚未深入人心，人们对青少年的发展及健康的评价，往往只注意生理上的身体健康，而忽视了他们的心理健康，其结果不仅不利于学生的心理健康，也不利于学生

---

① 苏静静，张大庆.世界卫生组织健康定义的历史源流探究 [J].中国科技史杂志，2016（4）：485-496.

的生理健康。因此，只有同时兼顾学生的生理健康和心理健康，才能全面提高学生的身心健康水平。

再次，心理健康教育有利于促进学生思想品德发展。

青少年学生正处在人生观、世界观形成的关键时期，同时也是心理充满矛盾冲突，复杂多变的敏感时期。开展心理健康教育，旨在通过心理调节和指导，增强其心理素质，进而完善品德的发展。根据青少年学生身心发展的特点，了解他们的心理，对提高思想品德教育的实效性、科学性不无益处。德育的实践证明，德育的绩效取决于道德内化程度，而道德内化是道德教育信息通过个体心理素质，进行多方面的选择，分化融合、顺应的过程，即在道德形成的内化过程中，主体的自我意识、情感及性格等心理素质是内化的决策性机关和重要的调控器，将新的道德要求变成主体的品德和行为，得靠心理素质的调节活动才能完成。当然，我们也要注意克服心理健康教育与思想品德教育两者关系中的"等同论""冲击论""代替论"等错误认识，在学校工作中二者各司其职，互相借鉴，共同为"培养全面发展的人"这一宗旨服务。可以说心理健康教育既丰富了德育的内容，扩展了德育的方法，拓宽了德育的途径，进一步巩固了德育的地位和功能。

最后，心理健康教育有利于促进社会主义精神文明建设。

学校是培养人才的基地，也是社会主义精神文明建设的重要阵地。心理健康教育为社会输送心理健康并具有良好的心理品质的人才，优化社会心理环境，满足社会发展对人的心理素质要求的需要，是建设社会主义精神文明的一项重要内容。第一，心理健康教育有助于克服青少年学生的消极心理状态，促进积极向上的心理的形成。第二，心理健康教育有助于青少年学生正确认识社会、现实和自我，缓解人际冲突，增进社会稳定。第三，心理健康教育有助于塑造青少年学生良好的个性，提高道德水平，净化社会风气。

三、学校心理健康教育的主要原则

学校心理健康教育的原则，是实践工作的规律概括和经验总结，对实际工作的开展具有指导意义。

（一）教育性与发展性相结合的原则

心理健康教育要根据具体情况，进行积极中肯的分析，始终注意培养学生积极进取的精神，树立正确的人生观、价值观和世界观。心理健康教育是社会精神文明建设的重要组成部分，要充分体现社会精神文明的特征，以及它的时代性和进步性。所以针对学生在学习、生活、交往中的矛盾冲突所引起的种种心理问题，要帮助他们端正看问题的角度，调整看问题的方法，建立积极的思维模式。

以学生心理素质的发展为主导，根据学生身心发展的规律和心理的需要给予必要的帮助，达到积极地建设良好的心理品质和开发潜能的目的。发展性的教育要以全体学生为对象，发挥学生的自我潜能，完善学生人格。儿童发展心理学的研究表明：人的心理发展具有明显的阶段性，要使人在不同的发展阶段具有正常的心智能力，就必须要依靠能促进个体发展和帮助个体完成该阶段独特使命的良好教育。

（二）全体性与个别性相结合的原则

心理健康教育要面向全校所有学生，学生都是心理健康教育的对象和参与者，学校根据学生在各个发展阶段存在的心理与行为的共同问题，为全体学生提供符合需要的帮助。以全体学生的心理健康水平和心理素质的提高作为学校心理健康教育的基本立足点和最终目标。青少年学生存在的心理问题带有普遍性，相应地，其心理需求也具有共同性，所以心理健康教育可以面向集体的方式进行。在面向全体学生的基础上，关注每个学生的特殊发展，既不能使个别差异消失在全体之中，也不能只注意个别而放弃全体，应做到全体参与和个别教育相结合。学校心理健康教育要关注和重视学生的个别差异，根据不同学生的不同需要，开展形式多样的、针对性强的心理健康教育活动。每个青少年学生都具有自己的个性特点，拥有不同的社会背景、家庭环境、生活经验、兴趣、需要和价值观念，学校心理健康教育不是要消除这些特点与差异，相反是要使学生的差异性、独特性展示出来，也可以说，这是学校心理健康教育的精髓所在。

强调差异性，也就是要求心理健康教育同学校教育教学工作一样，因材施教，有的放矢，重视个别差异，使每个学生的心理健康水平得以提高，最终实现全体学生心理素质的提高。贯彻差异性原则，首先是了解和尊重学生的个别差异，如年龄差异、性别差异、学习差异、思想差异和心理差异等；其次是"区别对待"不同学生，充分考虑学生的年龄特征和个性特征等，灵活运用心理健康教育的原理和方法；最后是认真做好个案研究，积累资料，总结提炼，增强个别教育的实效。

（三）主体性和整体性相结合的原则

学校心理健康教育要以学生为主体，以学生的成长、发展为中心，突出学生的主体地位，是一种合作式、民主型的"助人自助"的教育活动，所有工作都要以学生为出发点，同时要使学生的主体地位得到实实在在的体现，把教师的科学教育和学生的积极主动参与有机结合起来。主体性原则集中而直接地体现了学校心理健康教育的关键特征。之所以如此，首先是心理健康教育的目的在于促进学生成长和发展，而成长和发展从根本上说是一种自觉和主动的过程，如果学生没有主动意识，处在被动的地位，教育就成了一种强制性行为，变得毫无意义。其次是心理健康教育是一种助人与自助的活动，"助人"是手段，让学生"自助"才是目的。

教师的助人活动，保证了学生心理发展的方向和内容，"自助"则使学生的心理发展实现内化，获得解决心理问题的方法和心理可持续发展的动力和源泉。要达到自助的目的，就必须让学生以主体的身份直接参与活动。另外，青少年时期是学生自我意识、独立性迅速发展的时期，心理健康教育贯彻主体性原则，不仅发挥了学生的主体作用，而且满足了学生追求独立的需要。贯彻主体性原则，要从学生的实际状况和需要出发，以学生现实生活和存在问题为基准，以达到学生心理健康水平和心理素质提高为目的，尊重学生主体地位，发挥学生的主体作用，鼓励学生自我选择和自我指导，促使学生自知、自觉、自助。在学校心理健康教育过程中，教育者要采用系统论的观点指导教育工作，注意学生心理活动的有机联系和整体性，对学生的心理问题作全面考察和系统分析，克服教育工作中的片面性。

学校心理健康教育追求学生人格的整体性发展，最终达到提高学生心理素质和整体素质的目的。从社会价值取向来看，它重视学生德智体美劳全面发展；从学生自我完善的需求来看，它注重学生知、情、意、行几方面协调发展。从系统的观点出发，学校心理健康教育的对象是一个个完整的活生生的人，而人的心理也是一个有机整体。所以，学校心理健康教育工作，决不能"头痛医头，脚痛医脚"，而应从个体心理的完整性和统一性，个体身心因素与外部环境的制约性、协调性等综合因素出发，全面把握和分析学生心理问题的成因，并采用相应的教育与辅导对策。贯彻主体性原则，要树立学生全面发展的观点，教育活动时刻要关注学生人格的完整和身心素质的全面提高。对学生心理问题的分析，要从整体、全局、多角度进行，把内外因、主客观、家庭社会学校和个人诸因素综合起来，对学生心理问题的教育与辅导要采用综合模式，不局限于某一种方法和技术。

（四）理解和尊重学生的原则

心理健康教育坚信：人人都有价值与尊严，人人都是平等而自由的。它强调尊重与理解学生。这种尊重即关怀、温暖、接纳，而非指责、嘲讽、强加于人。所谓接纳就是尊重个人的尊严、价值与选择，对学生的问题表示温暖、亲切的关心。美国心理学家罗杰斯（Carl Ransom Rogers）强调：接纳应是整体的接纳，不但包括他的长处，连短处也包括在内，即所谓对学生一切言行的"无条件的尊重"。①

美国伊根（Egan）也指出：尊重不仅仅是一种态度，一种对人的看法，更是一种价值观。②尊重是真正理解学生的基石。理解，就是教师要去感受学生的内心世界，"透过受辅学生的眼睛看世界"，像他们那样去认识、体验和感受，并把这种感受传达给学生，使学生感受到来自教师的关注、尊重、理解和接纳，愿意主动敞开心扉，从而抛开心理上的防范，促进学生对自

---

① 罗杰斯.论人的成长[M].世界图书出版有限公司北京分公司，2019.
② （美）伊根.高明的心理助人者：处理问题并发展机会的助人途径：第8版[M].郑维廉，译.上海：上海教育出版社，2008.

己的内心世界做更自由、更深入的探索，而良好的辅导关系则是心理健康教育获得成效的前提和基本条件。尊重和理解学生，教育者有责任对学生的个人情况以及谈话内容等予以保密，学生的名誉权和隐私权应受到道义上的维护和法律上的保障。这是鼓励学生畅所欲言和建立相互信任的心理基础，同时也是对学生人格及隐私权的最大尊重。

在心理健康教育过程中，尤其是个别教育与辅导过程中，学生会向教育者流露很多个人的秘密、隐私、缺陷。教育者有责任、有义务对这些信息保密。失密，对教育者来说，就是失职，对教育机构来说，就是威信和名誉的丧失，不仅要受到良心的折磨和舆论的谴责，而且要负法律责任。

第三节 心理教育的思想依据和目标

一、心理健康教育要以马克思实践唯物主义的心理实质观为指导

一般说来，有什么样的世界观就有什么样的方法论，世界观是人们对世界的基本观点和总的看法，用这种观点和看法作为向导去认识和解决世界的各种问题。教育的对象是人，人都有心理活动，有心理活动的规律，在开展心理健康教育时，就要以科学的心理实质观为指导。程利国教授认为，实践唯物主义是建构科学的心理实质观的唯一正确的哲学基础，同时还必须广泛地吸收现代自然科学和人文科学研究的最新成果。[①]

---

① 程利国.皮亚杰心理学思想方法论研究：关于实践唯物主义心理学的活动理论[M].福州：福建教育出版社，1999.

实践唯物主义的心理实质观可以表述如下：人的心理实质上是发生于主体与客体之间相互作用的反馈环路系统中的人脑机能性系统的活动，它是整个机体感性对象活动内化的产物，并以神经信号活动的编码与解码为中介，执行着反映个人的社会存在（亦即个人的实际生活过程，或个人生存的客观现实，或主客体之间发生相互作用的关系体系，或由"主体——活动——客体"三项图式建构而成的反馈环路系统）和自动调节个人行为模式（包括个人内隐的意识和外显的反应特质）的整合性职能，从而使个人逐步介入社会文化历史的创造进程。从整体上全面地、科学地把握人的心理实质要分别从心身关系、心理与个人的社会存在的关系以及心理与个人行为模式的关系等方面进行系统分析。这是我们确定心理健康教育任务并开展心理健康教育的方法论基础，以此为指导，我们开展心理教育的视野便豁然开朗。

诚如程利国教授指出的实践唯物主义的心身关系包括心脑关系和心体关系，要了解学生的心理活动规律就要通过"主体—活动—客体"三项图式系统，"从发生学角度廓清人脑内部的心理活动与整个躯体物质性的实践活动之间的渊源关系"[1]。心理健康教育要以学生的心身发展水平为依据，要以学生心理素质的现状和学生自身发展的需要为工作起点，正如瑞士皮亚杰所说："发展的出发点不应从把反射看成简单的孤立的反应中去寻求，而应从机体自发的和整体的活动中去寻求。机体自发的和整体的活动具有同化和顺应两种机能。"[2]

同化与顺应之间的平衡不但是认识的出发点，而且也是一切心理机能

① 程利国. 皮亚杰心理学思想方法论研究：关于实践唯物主义心理学的活动理论 [M]. 福州：福建教育出版社，1999.
② 皮亚杰. 教育科学与儿童心理学 [M]. 傅统先，译. 北京：文化教育出版社，1981.

内化的逻辑出发点。这对我们弄清学生道德品质的形成与心理发展水平的关系，从教育手段上区分德育和心理教育方法具有十分重要的指导意义。实践唯物主义的心物关系观指出：个人的心理存在决定于他的社会存在，人的心理实质存在于他的生活实践的过程中。因此，心理健康教育要十分重视学生的实践活动，包括生活实践、学习实践、社会实践等。在实践唯物主义的心物关系观中，"物"应理解为"主体——活动——客体"三项图式系统，这是个人的社会存在或实际生活过程，也是个人生存的客观现实或主客体之间相互作用的关系体系。物质性的实践活动在三项图式系统中居于矛盾的主要方面，实践活动始终是主客体关系的一个现实的"交错点"，即如列宁指出"交错点＝人的和人类历史的实践"。因此心理健康教育要十分关注学生的实践活动，实践活动既是心理活动的源泉，也是学生智力和能力发展的源泉。

实践是客观的活动，能动的活动，既受社会历史条件的制约，又是对现实的变革，离开了实践活动，就不会有心理发展的源泉，也不会有智力与能力发展的源泉。实践活动推动智力与能力的发展，主要表现在以下几个方面：

第一，实践活动需要不断提出新的智力与能力课题，学生在解决新课题的过程中发展智力与能力。

第二，实践活动为人们提供了丰富的感性材料，积累了大量的经验资料，促进人们去抽象、概括和总结，使人们逐步认识事物的本质和规律。

第三，实践活动为人们的智力与能力提供了一系列工具、器材和手段，从而提高人们的智能水平。

第四，实践活动是检验智力与能力水平的正确性和真理性的唯一标准。

第五，实践活动锻炼与提高人们的智力与能力。人的智力与能力，主要是随着实践活动的深入而发展的。实践唯物主义的心行关系观是建立在"主体——活动——客体"三项图式系统的基础上，它指出心理对实践活动和精神活动同样具有自动调节的作用。心行关系中的"行"，是指行为模式，它包括个人内隐的精神活动和外显的实践活动，对行为模式的自动调节充分显示了人的主观能动作用。因此，心理健康教育在授人以"鱼"的同时，更要授人以"渔"，增强心理健康教育的实效性。

二、心理健康教育要遵循青少年心理发展基本规律

早在 20 世纪 60 年代初期，朱智贤教授根据辩证唯物主义哲学的发展观，在总结国内外儿童青少年心理发展的研究成果的基础上，就提出了心理发展的四种关系的基本理论问题，并称之为儿童青少年心理发展的基本规律。具体如下：

先天与后天的关系，即遗传和生理成熟，环境和教育在心理发展中的作用问题。

内因与外因的关系，即心理发展的动力问题。

教育与发展的关系，即心理发展的量变与质变的问题。

年龄特征与个别差异的关系，即心理发展中的普遍性与特殊性的问题。

中小学生正处在人生从幼稚走向成熟的过渡阶段，这是一个长期的、错综复杂的探索过程，有其身心发展的特点和规律。它必须经历儿童期、少年期、青年初期三个发展阶段，在各个不同的发展阶段，学生身心发展

既有稳定性又有可变性，既有本阶段共同的年龄特征，又存在着个别差异。

此外，在每一个发展阶段都有着"危机与转机"共存的局面，学生都面临着一系列发展中的矛盾与困难或人生课题需要解决。矛盾与困难解决了，危机就变为转机，心理才会继续向前发展。因此，心理健康教育应当遵循并体现青少年学生身心发展的特点和规律，帮助学生克服各个发展阶段的矛盾与危机，促进青少年学生心理的健康发展。

三、学校心理健康教育的基本任务

第一，学校心理健康教育要以提高学生的心理素质为主，以咨询和辅导为辅，坚持教育性原则，做到润物细无声。

面向全体学生，开展发展性与预防性的心理健康教育，解决学生在成长过程中所遇到的普遍性问题。帮助学生在自我认识、承受挫折、适应环境以及学习、择业、交友等方面获得充分发展，以努力提高全体学生的心理素质和人格水平为目标，这是学校心理健康教育工作的基础和重点。

面向少数有心理困扰或心理障碍的学生，给予有效的心理咨询和辅导，帮助他们尽快摆脱心理阴影。对于极少数有严重心理疾病的学生，能够及时识别并转介到医学心理诊治部门。通过心理健康教育，在以下两个指标上提高学生心理健康水平。

一方面能够正确善待自我。即能够悦纳自我，有积极、乐观向上的人生态度，能够积极地认识自我、调适自我、发展自我。还能够积极面对生活与学习中所面临的各种压力，最大限度地发掘自己的潜能，使自己的能力不断得到发展，而不会为表面的、一时的、非本质的现象，如成绩、家境、体貌等相对不良状况而感到自卑自弃。

另一方面能够正确地善待身处的外部环境。富有责任感，能够与他人友好相处，承担起多种社会角色。如子女、学生、同学、邻居、兄弟姐妹等，既能接纳他人，又能获得他人接纳。既能够充分发展自我个性，又能够积极地避免和克服在人际交往中所构成的心理问题。

第二，心理健康教育的内容要有针对性，特别是要与学生当前普遍存在的心理问题和共同需要紧密结合起来。

生活辅导主要是人格辅导，这是心理健康教育的中心工作。"所谓人格，实际上就是在协作型的人际关系中产生的、与个人生存的客观现实相适应的、为个人肩负的社会责任所驱动的内化了的价值观念体系，它是决定主体行为方式的动力系统。"①它体现了人的整体精神面貌。提高学生的人格水平，发展学生健全的人格是学校心理健康教育的本质要求。人格辅导就是教育者运用相关的教育学、心理学、社会学等多学科的理论与技术，帮助和促进学生社会适应和人格健康发展的教育活动。人格与适应是一体的两面，互为表面，密不可分，其目标是要帮助学生获得良好的社会适应，铸造健全的人格。

通过自我意识辅导、情绪辅导、人际交往辅导、意志辅导等，帮助学生建立起协作型的人际关系，实事求是的科学态度和正确的价值评估体系。在人格辅导中，要把握以下几点：

第一，人格辅导的方向不是要帮助和引导学生达到某一共同的目标或标准，而是帮助和引导学生发展适合自己的、各具特色的、适应社会发展的、

---

① 贺芳 . 教育管理与学生心理教育 [M]. 长春：吉林人民出版社，2021.

健康的人格特征，并学会接受、欣赏或适应他人与自己有别的健康人格特征或行为方式。

第二，人格是各种要素的"合金"。辅导者必须从多侧面、多层次、多水平进行有机统一的辅导。在情绪方面，要帮助学生正确认识并表达自己的情绪感受，学会控制、处理不良的情绪，培养学生积极乐观的情绪；在人际关系方面，要帮助学生学会与他人积极交往和沟通，培养"通情达理"的生活态度，建立和谐融洽的良好人际氛围；在意志方面，要帮助学生正确认识和对待挫折，培养他们较强的耐挫能力，增强学生的意志品质等。此外，要帮助学生树立正确的人生观和世界观，从根本上防止心理问题的发生，维护心理健康。人生观和世界观本身就是个体人格结构的一个重要组成部分，对人的心理具有调节作用。

第三，自我意识或自我概念在人格结构中处于核心地位，它对个体的心理活动起着制约作用，也是一个人心理成熟程度的重要标志。个体自我概念的缺失常导致人格问题的产生，英国心理学家尼尔说："罪恶、恨、不安和敌视均源自不幸福，而不幸福的根源就是自我的溃败。"[1]在辅导中，要着重帮助学生正确认识自己，恰当地评价和接纳自己，有效控制和教育自己，不断地完善和发展自我。生活辅导就是辅导者帮助学生理解生活的意义，培养学生健康高雅的生活情趣、乐观向上的生活态度和良好的生活习惯，通过休闲辅导、消费辅导、权益辅导等方面让学生热爱生活、善待生活。

在生活辅导中，帮助学生做到以下几点：

第一，学会休闲。帮助树立正确的休闲观念和态度，充分利用自己的

---

① 尼尔.夏山学校 [M].王克难，译.海口：南海出版社，2006.

休闲时间，帮助学生获得休闲的认知和技能。

第二，学会消费。树立正确的消费价值观念，帮助学生了解消费的一般常识，培养合理的消费行为，学会对自身消费行为的管理和反省，克服盲目攀比的不良行为。

第三，学会维护自身的合法权益。树立权益意识、法律意识，正确认识自己的合法权益，让学生知法、懂法、守法，并应用法律保护自己的合法权益。

通过生活辅导，促使学生建立合理的生活规范，养成良好的生活习惯，适应基本的社交活动，促进健康的休闲生活，最终培养学生健全的人格和优良的个性品质。

此外，再阐述一下学习辅导、青春期辅导以及升学和择业辅导。

学习辅导。学习是青少年学生的主要任务，学习好坏直接关系到学生身心健康的发展，许多心理问题就源于学习的失败和挫折。学习辅导是帮助学生认识学习的原理与方法，指导学生解决在学习过程中出现的心理困惑，开发学生自身的学习潜能，指导学生积极自主地、快乐地学习，学会学习，提高学习效果，帮助学生获得学习上的成功，培养其良好的学习心理品质的过程。学习辅导要把握：①不以分数论成败。②树立学生学习的信心，提高其学习积极性。③培养学生学习兴趣，激发其学习动机，形成良好的学习态度与习惯。④指导学生进行学习的自我监督，形成适合自己的学习策略。⑤营造有利于学生创造的环境，鼓励学生进行创造性的学习，帮助学生树立创造意识，培养学生的创造精神。

青春期辅导。青春期既是学生心理发展的关键期，又是心理发展的"危险期"，也是青少年心理问题的一个多发期。青春期辅导就是要帮助学生对即将到来的身心发育做好准备，学会处理由一系列生理变化而带来的心理适应问题，培养学生健康的性心理和性价值观，指导学生恰当处理两性关系，帮助学生顺利度过这一时期，以推动和促进学生心理健康发展。

青春期辅导是以进入青春期的青少年为特定对象，以青春期突出的心理现象和行为为主要内容的辅导。在辅导中应特别重视以下方面。

青春期形象问题。帮助学生认识自己的身心变化，使学生有足够的心理准备迎接青春期的到来，接纳和塑造自己的青春形象，帮助学生建立正确的性别观念和性别认同。

异性交往问题。在辅导中要帮助学生正确看待异性间的关系，充分认识到性别的互补性和男女平等的客观性，并建立健康、文明、道德的两性关系，建立正确的友谊观、恋爱观，帮助学生掌握异性交往的知识和技巧、规则，学会正确与异性交往。

性心理问题。应帮助学生获得正确的、科学的性生理与性心理知识，认识自己的性生理变化以及由此而来的性心理体验、性心理行为活动等性心理现象，加强学生性保健、性健康的指导。辅导中还要注意以下几点：

第一，把握科学性原则。

第二，注意学生的年龄特点和问题的个别性，提高辅导的针对性。

第三，创造良好的氛围，开展健康有益的集体活动，消除神秘感。

升学和择业辅导主要帮助学生了解自己的能力倾向、专业和职业兴趣、职业价值观，了解工作特性，获得有关就业、社会人才需求方面的信息，了解国家就业政策，让学生掌握择业决策的技巧，正确处理个人专业、职业兴趣与社会需要之间的关系。

第四节 心理教育的方式与途径

一、全面渗透，全员参与，全程落实，弹奏心理健康教育"交响曲"

（一）在学科教学中渗透心理健康教育

寓心理健康教育于各科教学中，这是心理健康教育的主阵地。学校心理健康教育仅靠心理辅导教师开展，难以实现心理健康教育的目标，不可能收到良好效果。在学科教学中渗透心理健康教育，推动学校教师参与，使每个教师都成为心理健康教育者。为此，在教学中每个教师必须做到：一要有心理健康教育意识，要根据学生的心理规律来进行教学。二要善于挖掘各科教材中蕴含着的有关心理健康教育的内容素材加以利用，体现心理健康教育的目标，使各科教学都能起到培养学生良好的心理素质的作用。有学者认为，各科教学在心理健康教育中所起到的独特作用是：语文教学在全面发展人的思维品质的同时，全面促进人的非认知心理品质的发展，数学教学是发展学生的逻辑思维品质，自然科学是培养学生的创造性思维品质和科学精神、科学态度，社会科学是促进人的道德心理素质，艺术教学是促进形象思维品质与美感、道德感的发展，体育教学则是增进人的身体健康，为培养良好的心理品质奠定生理素质的基础，并培养学生良好的意志品质。这一观点虽没有涵盖各科教学在心理健康教育中所起的全部作用，但它体现了各科教学作为实施心理健康教育的途径的重要地位和作用。三要建设积极的课堂心理环境，实行有效的课堂管理。在课堂教学过程中，认真贯彻心理健康教育的各项原则，使课堂环境更加有利于学生身心的健康发展。四要按照学科的特点与学生需求达成的相关的学习技能、社会技能和态度技能相结合，将心理健康教育理论与教学技术相结合来设计教学。五要转变教师的社会角度，变成与学生平等的朋友、知己，尊重、关心、接纳学生的表现与行为，努力实现教学内容、教学方法、教学活动与形式以及教学评价方式的转变。

（二）在德育系列教育活动中渗透心理健康教育

学校德育工作与心理健康教育工作存在区别，但因其活动对象都是学生，其基本职能都是"育人"，因而二者又存在一定的联系，有时二者可能互为促进条件，有时可能组成同一问题的两个侧面或两个层面。因此可以将二者积极的因素有效地结合起来，相互渗透。在德育工作中渗透心理健康教育，就是要把德育工作、德育活动作为心理健康教育的一个重要载体。这可以从以下四个方面来进行：一是通过扩充和完善德育目标，如把培养学生健康的心理素质纳入德育的目标来渗透心理健康教育。二是通过丰富德育内容，如在德育内容中增加有关学生心理品质教育的内容来渗透心理健康教育。三是通过拓宽德育方法与途径，如在德育工作中开展心理咨询、运用测量技术等来渗透心理健康教育。四是通过提高德育队伍素质来渗透心理健康教育。德育工作者常常扮演双重角色。因此，德育工作者要努力学习和掌握有关心理健康教育的理论和方法，并自觉地运用到实践工作中去，以增强德育的效果。

（三）在课外活动中渗透心理健康教育

这里的课外活动专指有别于心理健康教育的专门活动的其他活动，是指在课堂教学范围之外，利用课余时间对学生进行的各种富有教育意义的活动。学校课外活动从内容上大致可分为四类：一是思想、政治、道德教育活动，如团队活动、班会、晨会等。二是知识兴趣活动，如各科兴趣小组活动等。三是文娱体育活动，如游戏、唱歌、舞蹈、绘画、体操、旅游等。四是社会实践活动，主要包括参观、访问、调查等社会考察活动，志愿者服务、公益劳动等社会服务活动，以及军训、务农等社会实践活动等。在丰富多样的课外活动中，学生可以增长自己的视野，丰富自己的情感体验，锻炼意志，提高自我调节能力、社交能力、研究和创新能力以及独立思考和解决问题的能力等各种实践能力，培养自主性、独立性、创造性精神，满足多方面的心理需求，从而推动心理健康向前发展。

（四）在校园文化中渗透心理健康教育

校园文化是指"以学生特有的思想观念、心理素质、价值取向、思维方式等为核心，以具有校园特色的人际关系、生活方式、行为方式为基准，由学生参与创办的报刊、讲座、社团、沙龙及其他文化活动和各类文化实施为表征的精神环境、文化氛围"。人的一切心理行为活动，都是由一定的环境条件所激发，并受环境条件所制约，而环境对人的心理活动的作用又主要是通过客观现实环境对人的心理影响而产生的。校园文化作为一种心理环境，一种氛围，通过潜移默化使个体自觉或不自觉地同化到自己的心理系统之中，而成为个体的心理特征。因此，开展校园文化建设，就是要为学生营造一个开阔、整洁、优美的校园，在校园景点设计、环境布置上巧妙安排，发挥积极的心理暗示效应，帮助学生调适好自己的心情，要在全校大力提倡勤勉、健美、团结、合作、乐观、向上、奋进的校风，爱生、敬业、求是、自省的教风，乐学、善思、自信、志远的学风，开展丰富多彩的科技文化艺术活动，以创设良好的人文环境，要形成和谐、融洽、友好、互相帮助、关怀的人际环境，要提倡合理的竞争，给每一个学生创造成功的机会，增强学生参与意识，培养学生顽强拼搏、积极进取的精神。

二、开设课程，融心理健康教育于学校日常教育活动中

课程，广义指学校学习活动的范围和进程，狭义则指某一门学科。心理健康教育课程应属于广义课程范畴。心理健康教育进入课堂是学校开展这项工作的制度保证。开设相关课程，丰富学生必要的心理健康知识是非常重要的。心理学的科学知识是正确认识人的心理、提高人的心理行为的自觉性、保证人的心理健康发展的基本条件。除了与原有思想品德课、思想政治课、生理卫生和青春期教育等相关教学内容有机结合外，还可利用活动课、班团活动等其他形式，以学生的现实生活和普遍问题为出发点，以改善学生的心理和行为为目的，举办心理健康教育的专题讲座、报告、讨论、座谈等。对年龄较小的青少年儿童，还可通过组织有关促进心理健康教育内容的游戏、娱乐、竞赛等活动，帮助学生掌握和理解一般的心理健康知识和自我疗愈方法，培养良好的心理素质。

心理健康教育活动课程是以提高和发展学生的心理素质水平为直接目的，依据心理学的原理和技术、学生的身心发展特点，从学生的心理需要

出发而专门设计的一种有目的、有计划、有组织、系统地安排与实施的活动。

心理健康教育活动课程的关键在于专门活动的设计。一项符合要求的心理健康教育专门活动的设计必须包括以下三项内容：

（一）明确活动的目标

在确立目标时，必须根据心理健康教育的目标，将目标具体化，以便于操作。必须考虑到学生的身心发展规律特点，考虑到学生所处的时代特点。

（二）确定活动的内容

内容是目标的载体，目标必须通过一系列活动内容来体现。活动内容就是指活动项目的集合，而活动项目表现为一个个活动单元。因此，相应地，活动内容可以分为学习、人格、青春期、生活、升学就业和危机干预六个方面。

（三）进行活动单元设计

即制订某一具体心理辅导内容的实施计划。它包括以下步骤和内容：确定单元名称、活动时间、单元活动目标，明确实施的方法与过程，准备合适的场所和材料，拟定实施程序。一般来说，这些实施程序包括：辅导教师或学生主持人说明活动过程与要求，学生参加创造与发展活动情节，划分小组与人员分工，开展活动并讨论，活动评估与总结。

三、开展心理咨询与辅导，营造良好的心理健康教育环境

　　心理咨询与辅导工作是达到学校心理健康教育整体目标的重要途径。学校通过建立学生心理咨询与辅导中心或专门活动室，配备相应数量的专兼职教师，就可以对全体学生进行心理健康教育，特别是可以对少数存在心理问题或出现心理障碍的学生进行认真、耐心、科学的心理辅导，帮助学生消除心理问题和心理障碍，恢复心理健康，增强心理素质。除此之外，通过心理测量和调查，建立学生心理档案，掌握全体学生的心理健康状况，以提高心理咨询与辅导的效果，达到自立自强，促进心理健康发展，提高生活质量的目的。

　　心理咨询辅导有个别咨询辅导和团体咨询辅导两种形式。个别咨询辅导是指心理咨询辅导老师对学生心理上帮助的过程。有狭义和广义之分。狭义上是指对有心理问题或心理偏差的学生通过心理矫治以帮助他们缓解、减轻、解除心理偏差或困惑，重点在于"危机"干预。广义上则还包括对心理正常学生的心理帮助。个别咨询辅导有一定的程序。从狭义的咨询辅导来看，一般分为"接纳—诊断—干预—随访"四个过程。这有利于因材施教，照顾个别差异。团体咨询辅导是指在心理辅导老师的参与下，团体成员围绕某一共同关心的问题，经过一定的活动形式与人际互动，相互启发、引导和帮助，形成团体的共识与目标，进而改变成员的观念、态度和行为的过程。它向学生提供一个具有治疗功能的心理环境，有助于学生了解自己、了解他人、宣泄苦闷，获得支持与帮助，减少孤独感与无助感，恢复自信，

有助于发展多种学习、生活、社会适应技能。团体咨询辅导一般会经历定向阶段、冲突阶段、整合阶段、成效阶段和巩固结束阶段。团体咨询辅导主要面向全体学生，促进他们成长，重点在于预防和发展。

第二章　学生心理教育

面对纷繁复杂的社会环境，面对日益激烈的社会竞争，面对贫穷和富裕，学生应该保持怎样的心态？采取怎样的行为？伴随成长中产生的许多困惑烦恼，面对内心的纠结、情绪的起伏波动，应该如何进行自我调节、自我控制？如何适应社会又保持自身健全的人格、独立的个性？该以怎样的态度、方法和技巧去认识社会、认识自己、认识他人……这些都是青少年学生在成长过程中无法回避的问题。

第一节　自我认知

正确认识自己、评价自己是建立良好自我意识的基础，同时也是健全人格形成的重要保证。健全的人格能够推动亲社会行为的产生，而有缺陷的或不健康的人格则可能推动反社会行为。因此，积极促进平衡、协调而统一的自我意识的建立，对提高大学生心理健康水平和心理素质，预防违法犯罪问题的产生具有建设性的作用。

自知、自鉴是自励、自勉、自控的基础，古人云："人贵有自知之明。"要正确认识自己、评价自己是相当困难的，它既要受主观条件的限制，又要受客观条件的制约。青少年的自我评价还处于不成熟阶段，具有不稳定性，其自我评价主要受以下因素的影响。

第一，他人的评价和态度。第二，友谊爱情的成功体验。第三，兴趣、爱好、特长的发挥。第四，人际关系的和谐。第五，成绩的好坏和参照系等客观因素。其中最重要的还是受自己在社会交往中的角色成功与否的影响最大。其次是参照系，在强者面前，个人的自我评价就要低些，在弱者面前自我评价要高些。主观方面主要受自己的心情左右，心情好自我评价高，心情不好自我评价就低。

正确地认识自我、评价自我的基本方法有以下四种。

一、辩证地认识自己

既要看到优点，也要看到缺点。人们常说："人非圣贤，孰能无过。"其实圣贤也难免无过，所以，人总是会存在一些缺点和不足，只要我们敢于正视，勇于改正，就可以进步，决不能因为缺点和不足而产生自卑的心理，进而一蹶不振。

二、进行自我反省

要正确地认识自我，必须经常自我反省，对自己作"一分为二"的分析，严于解剖自我，敢于自我批评。"知人者智，自知者明"，古今中外许多成功人士都是善于进行自我反省的。美国的富兰克林在晚年自传中，详细地介绍了他的经验：他曾给自己拟定了一个美德反省表，具体列出应遵循的 13 种美德：节制、缄默、严谨、果断、节俭、勤奋、诚实、公正、大度、整洁、沉着、廉洁、谦虚。富兰克林每天临睡前，都要认真反省自己是否做到了这 13 项美德，如果没有做到，便在项目下画上一颗黑星星，以此来警醒自己。起初，富兰克林每次检查自己的行为时，总要大吃一惊，发现自己的过失和缺点比他当初想象的要多很多。通过不断的自我省察，他逐步克服了自己的弱点，终于从一名印刷厂的学徒成长为著名的文学家、思想家和科学家。

三、要积极参加社会实践和社交活动，扩大交往面

马克思说：从本质上讲，人是一切社会关系的总和。[①] 人的自我认识不仅包括生理自我、心理自我，重要的是还包括社会自我。人是社会中的人，是实践着的人，只有在实践中，我们才能真正了解自我，比较过去与现在，也才能客观地认识和评价自己与他人。他人是我们的一面镜子，也能帮助我们更好地认识自我。

第二节　学习心理与交往心理

一、学习心理

（一）语言的能力

通常体现在小说家、诗人、撰稿员、剧作家、演说家、政治领袖、编辑、广告员、记者以及演说词撰稿者的身上。如温斯顿·丘吉尔，由英国记者转变为演说家、政治领袖和作家。常见的品质有：对于模式很敏感；有条理；有系统；有推理能力；喜爱听、读、写；能轻松地拼写；喜爱文字游戏；

---

① 马克思，恩格斯. 马克思恩格斯文集 [M]. 北京：人民出版社，2009.

对于琐事有很好的记忆力。

加强学习能力的方式有：讲故事；用名字、地点玩记忆游戏；阅读故事和笑话；写故事和笑话；演词汇幽默小品；写日记；采访；猜谜语，做拼写游戏；把读和写与其他的学科领域结合起来；出版、编辑并制作班级杂志；辩论讨论。

（二）逻辑数学的能力

通常在数学家、科学家、工程师、猎人、侦探、律师以及会计的身上发现。常见的品质有：喜欢抽象思维；讲求精确；喜欢计算；喜欢组织；运用逻辑结构；喜爱电脑；喜爱解决问题；喜爱以逻辑的方式做实验；偏向于有条理地做笔记。

加强学习能力的方式有：促进问题的解决；做有关数学方面的电脑游戏；分析和解读数据；运用推理；鼓励自己的能力；鼓励自己做实验；运用预测；把组织能力和数学融入其他的学科领域；给每一件事物一个空间；允许事情逐步地进行；运用演绎思维；用电脑来做表格和进行计算。

（三）音乐的智力

通常在演奏者、作曲家、指挥、音乐听众、录音师、乐器制造者、钢琴调音师及没有传统的书面语言的文化中发现。常见的品质有：对于音高、节奏、音色很敏感；对于音乐中的情绪力量很敏感；对于音乐的复合结构很敏感；可能很有灵性。

加强学习能力的方式有：演奏乐器；通过歌曲进行学习；通过参与或者听音乐会来进行学习；伴随着巴洛克音乐学习；伴随音乐锻炼身体；加

入合唱团；写歌；把音乐与其他的学科领域结合起来；用音乐改变情绪；用音乐来放松；通过音乐来构想画面；在电脑上谱曲。

（四）人际交往或社交的智力

通常在政治家、教师、宗教领袖、律师、推销员、管理员、公关人员以及公众人物的身上发现。常见的品质有：善于谈判；善于交际和相处；能够察觉别人的意图；有许多朋友；善于交流，有时善于操纵；喜欢群体活动；喜欢做"和事佬"；善于"察觉"社会形势。

加强学习能力的方式有：以合作的方式进行学习活动；利用休息时间多进行一些社会活动；运用"伙伴与分享"学习活动；运用交往和交流的技巧；在电话中与伙伴交换；举行与学习有关的庆祝会和聚会；使学习成为乐趣；把社交与所有其他的课程结合起来；在必须与人交谈以获得答案的地方"察言观色"；在群体中工作；通过为别人服务来学习；当别人的私人教师。

二、交往心理

（一）社会情感领域的交往

社会情感领域的交往，主要是指主客体在社会态度、情感、情绪等方面的沟通与交流。通过此类交往，是为了表达情感，解除内心的紧张、焦虑，求得对方的同情和理解，宣泄相应的心理情绪等目的。人们通过这种交往，用以确定和维持与对方良好的人际关系，发展交往双方的情感。这种形式的交往，主要在于满足个体精神上、心理上的需要，所以我们将此称为社会情感领域的交往。

毋庸讳言，通过社会情感领域的交往，使人们彼此之间的各种思想、观点、情感、态度和意见得到了交流与沟通，这对于个人（特别是成长中的学生）的社会化以及再社会化具有积极的意义。因为，个体在社会群体和他人的影响下，心理活动发生变化，彼此产生的相互影响和心理效应，等等，都是以人际交往、信息沟通为前提条件的，没有人际交往与沟通，便不会产生社会心理现象，也就不会有个体的心理成长与成熟。

（二）社会课题领域的交往

社会课题领域的交往也称工具性交往，这主要是指主客体通过交流相关信息，达到解决某一些具体的社会性问题的交往。工具性交往的主要目的是为了交流思想，传递情感和信息，交往者将各自的知识、经验、意见、观点、想法等告知对方，达到影响对方的知觉、思维和态度体系，进而解决某些具体问题，或者改变其行为的目的。生活中，绝大部分的交往都属于此类交往。工具性交往在人们生活中的重要作用是不言而喻的。因此，如何提高这种工具性交往的效果，便成为我们必然重视的核心问题。

第三节　个性心理与审美心理

一、个性心理

（一）动机的概念

众所周知，火车没有动力不能奔驰，飞机没有动力不能飞行，轮船没有动力不能航行；一个人如果没有动力，就难以开展活动，就会一事无成。

这样看来，所谓动机是指激发和推动人们去从事某种活动，并将活动导向某种目标的心理倾向或动力，因此可以说，动机就是直接推动一个人进行行为活动的内部动力。

（二）动机的功能

动机具有以下四种功能：

1. 始动功能

动机具有唤起行为的始动功能。任何行为都是由一定的动机唤起的，没有动机就没有行为，动机是行为的本源，是推动行为的原动力。

2. 指向功能

动机具有维持行为趋向一定目标的指向功能。人们的一切活动总是从动机出发并指向一定目标。动机不同，活动的方向和它所追求的目标就不同。例如，知识分子宁愿放弃舒适的生活到艰苦的地方去工作。西部的人到东边发展，东边的人到西部去奋斗;其他国家的人到中国来找工作。总之，同学们必须思考:第一，明白生活的目的。第二，选择目标符合自身的个性。第三，把目标分成长期、中期和短期目标。第四，把目标变成容易达成的目的。第五，经常检查目标和进度。第六，经常设定新的目标。

3. 调节功能

动机能决定个体行为的强度、时间和方向，它能调控行为的强弱度、行为维持时间的长短和行为发展的方向。譬如学习热情的高低、学习热情维持时间的长短和向什么领域发展都是由学习动机决定的。

4. 强化功能

动机具有让行动比较容易进行的强化功能。行为的结果如何，影响着人的动机，若取得了好结果，就可使该行为不断重复出现，即正强化。相反，结果不良，该行为就会停止或不再出现，即负强化。

二、审美心理

（一）审美感知

审美感知是审美感觉和审美知觉的合称，是审美心理活动过程的起点，也是更高层次的审美心理活动基础。

（二）审美感觉

审美感觉是指具有审美价值的审美对象（如精彩的电影、悦耳的音乐、悦目的画作等），直接作用于人们的感觉器官（视觉器官、听觉器官、触觉器官等）后，人们对审美对象的个别属性的反映，如对其声音、色彩、形状、线条、质地等的反映。

在人们的各种审美感觉中，最主要的是视觉和听觉：人的眼睛可以感受到各种色彩、形体、线条和姿态；人的耳朵可以感受到不同的音调、旋律、音色、节奏等，从而给我们不同的审美感觉。例如，人们在欣赏绘画时，不同的色彩会给我们不同的审美感觉：红色让人产生热烈、兴奋的感觉，黄色给人以明朗、温暖的感觉，黑色给人恐怖、严肃的感觉，而白色则给人以纯洁、轻盈的感觉。同样，在欣赏音乐时，不同的声音也会让人产生不同的感觉：高音让我们产生高亢、激昂的感觉，低音则给人以凝重、深沉的感觉，强音让人振奋，轻音则给人柔和的感觉等，这些都是审美感觉，都是客观事物刺激我们的感觉器官后引起的心理反应。

（三）审美知觉

在对审美感觉进行综合，对事物的个别属性进行综合的基础上，就形成了关于审美对象整体影响的审美知觉。

审美知觉是审美主体对于审美对象的直接的、整体的反映。它是在审美感觉的基础上产生的，是比审美感觉更高层次的审美心理形式，审美感觉是对审美对象的个别属性的反映，审美知觉是对审美对象的整体形象的反映。

在审美的过程中，首先被我们感觉到的是审美对象的个别属性，例如：国庆之夜的天安门广场，那明亮的灯光、欢笑的人群、悦耳的音乐、欢快的舞蹈，这些都是一些个别印象，经过大脑的综合、整理，形成热闹、欢腾的国庆之夜的整体印象，这时人们的审美活动就从审美感觉阶段过渡到了审美知觉阶段。

欣赏音乐也是如此，在欣赏音乐时，我们首先感觉到的是音乐的个别属性：忽高忽低的声音，或上行或下行的旋律，或宽长舒缓或短促有力的节奏，或明快悠扬或凝重深沉的音色，或慷慨激昂或幽怨哀愁的歌词……而后，在这些个别属性的基础上，我们就对整首曲子的基本内容有了一个整体的了解，这便是审美知觉阶段。

第四节　恋爱心理与择业心理

一、恋爱心理

（一）性本能是恋爱心理产生和发展的内在动因

爱情是两性之间的特殊感情，它是个体性成熟和社会成熟达到一定阶段后产生的男女之间相亲相恋、互相倾慕的美好的情感。进入青年时期，性意识和性机能都已发展成熟，所以青年基本上都具备了产生恋爱心理的生理基础。

（二）社会存在是恋爱心理产生和发展的决定因素

如果说性成熟是恋爱心理的自然基础的话，那么，社会存在则是恋爱心理的社会基础。这是因为人是社会的人，人的本质是人的社会属性。存在决定意识，社会存在决定着人的各种观念，包括恋爱观。社会存在影响和制约着人们的恋爱与否、恋爱对象的选择、恋爱心理的健康发展，并导致人有了恋爱心理中最主要的心理之精神吸引力的产生，爱情也因此成为美好高尚的情感，升华到一种崇高的境地。恋爱心理的产生与发展不仅有生理的快感，更重要的有精神上的享受。不同的个体由于社会存在的不同，对恋爱有不同的看法、不同的感受、不同的体验，即有不同的恋爱心理。

（三）异性的素质是引起恋爱心理的特殊动力

爱情首先产生于性别差异间的吸引，但并非任何异性间的差异都能使人产生恋爱心理。恋爱心理的产生必须依赖于某个特定的异性对象，即自己喜欢、倾慕、爱恋的异性对象。人与动物的本质区别就在于人只有在获得关于某个异性的具体信息之后，恋爱心理才真正开始产生，也就是说，恋爱心理的产生是具有明确的对象性的，只有在生活中出现了你真正所爱的人时，才会激发你的恋爱心理。没有一个特定的异性，充其量只会产生一种泛化的性冲动（这种心理冲动如果不能得到很好的调整和控制，它将让你形成错误的恋爱观，并有可能让你踏上违法犯罪的人生之路），而不可能产生真正的恋爱心理。

（四）生活实践是恋爱心理产生和发展的外在条件

有了上述三个因素，恋爱心理还不足以真正地产生和发展，如果没有一定的培育爱情的生活实践，那么，恋爱心理也不会产生，即使产生了也会中断，达不到发展和成熟。人们只有在生活实践中才能互相交往、增进了解、互相发展感情。因此，可以说生活实践让恋爱心理的产生和发展从可能变为现实。

二、择业心理

在社会主义市场经济的发展大潮中，我国大中专院校毕业生就业制度改革已完成了由计划分配向自主择业、双向选择这一市场配置方式的转变，它不仅有利于实现人才的合理配置，也为毕业生提供了广阔的发展空间。但市场竞争是激烈而又残酷的，对毕业生来讲，可以说是机遇与挑战并存，发展与淘汰同在。面对人才市场的激烈竞争，毕业生必须具备正确的择业意识，才能在竞争中抓住机遇，顺利完成择业。总的说来，毕业生择业意识主要应包括以下三个方面：

（一）敬业和奋斗意识

如今，具备强烈的敬业精神和奋斗意识，已成为现代企业招贤纳士的重要标准之一。在各地举办的人才交流会上，招聘单位都把敬业精神和奋斗意识放在考察应聘者的首位，其次再看其实践能力。只有具有敬业精神和奋斗意识的人，才能不断钻研业务，对工作精益求精；才能立足本职，不怕苦、不怕累，发挥自己的才能，创造更大的价值，真正成为受欢迎的"有用之才"。因此判断人才的标准，不但要看他有无出众的才华和精湛的技艺，而且更要看他是否具有敬业精神和奋斗意识。毕业生在校期间更多的是理论知识的系统学习，大量的工作实践知识要从社会这所取之不竭、学之不尽的大学堂中获取。

（二）自我定位意识

所谓自我定位意识，简而言之就是要进行准确的自我定位。它是指毕业生在充分了解社会就业形势与社会环境，并在客观评价自我的基础上，对适合自己发展的社会空间作出及时、准确的判断。

因此，毕业生应该树立正确的择业观念，科学地评价自我、找准定位，树立乐观的择业意识，到祖国最需要和最能施展自己才华的地方去建功立业。

（三）自我推销意识

在人才竞争激烈的环境下，如果毕业生具有一定的推销意识，积极地推销自我、展现自我，对顺利完成择业是大有作用的。在择业过程中，毕业生要善于抓住机会。合理发挥自身特长，结合对应岗位的需求，充分展示自我才能，为拿到录用信添砖加瓦。

第三章　心理健康教育方法

第一节　精神分析疗法

精神分析理论是由奥地利心理学家西格蒙德·弗洛伊德创立的，它是现代心理咨询和治疗领域非常重要的理论，也是 20 世纪最重要的学术思潮之一。其影响力超越了心理治疗领域，对整个心理科学乃至人文学科的很多方面都产生了深远的影响。

作为西方心理学的主要流派之一，精神分析与其他流派明显的不同在于：第一，心理学其他流派要么是研究意识经验，要么是研究行为，对于人意识不到的心理事实，即无意识或潜意识是不予重视的，而精神分析正是研究无意识或潜意识的。第二，其他心理学流派基本都是学院派，即产生于心理学实验室，而精神分析起源于精神病的临床实践。精神分析学派学者不聚焦于心理和行为的实验设计，他们关心的是心理疾病产生的原因以及用什么技术去帮助心理上不健全的人。

一、精神分析疗法的基本理论

（一）潜意识理论

在弗洛伊德之前的心理学家，着重研究了心理的意识部分。而弗洛伊德认为，意识只不过是心理极其微小的一部分，是被我们所察觉的一部分，而心理活动的大部分，都存在于意识之下，即潜意识。他用著名的"冰山理论"来进行说明：如同浮在水面上的冰山，露在水平面上的冰山一角是意识，而就像冰山的大部分都隐没在水平面之下一样，大部分心理功能都处于潜意识领域。弗洛伊德提到的潜意识，指在意识水平之下的所有心理现象，包括个人无法接受的原始冲动、本能欲望，也包括一些无法实现的需要和动机。因此其被视为原始愿望和冲动的存储库。这些心理功能在潜意识中，不能被个体觉察，但是它对我们的一切行为都产生了影响。弗洛伊德认为，没有任何完全自由意志的行为，有些行为表面上好像出自我们的意识和自由意志，但实际上都是受潜意识力量的驱使，它们只不过是潜意识过程的外部标志。有意识的心理现象往往是虚假的、表面的和象征性的，它们的真面目、真实原因和真正动机隐藏在内心深处的潜意识之中。在意识和潜意识之间是前意识，意识和前意识虽有区别，但二者没有不可逾越的鸿沟，前意识的东西可以通过回忆进入意识中来，而意识中的东西当没有被注意时，也可以转入前意识中。

（二）性欲理论

弗洛伊德认为性欲是个体在潜意识的本我动机中的主要欲求之一。因为在他诊治的大多数患者中，性生活的压抑或畸形乃是造成心理失常的重要原因。弗洛伊德所说的"性"不仅仅是以生育为目的的成熟的两性性生活，还包括了广泛内容的身体快感。人的这种性欲望与生俱来，只是每个阶段有不同的心理行为表现，其对象也不尽相同而已。

弗洛伊德认为，在性的后面有一种潜力、动力，常驱使人去寻求快感，这种力量被称为"力比多"。弗洛伊德认为随着年龄的增长，儿童性欲最敏感的区域会发生转移，不同年龄阶段的儿童都有不同的主要性快感区。在这个理论的基础上，他提出了性欲发展阶段理论，认为性需要是依次通过五个阶段和五种形式来求得满足的，分别是：①口唇期（0~1.5岁），婴儿通过口唇的吸吮、吃咬东西等口腔动作来获得快感。②肛门期（1.5~3岁），幼儿的主要性快感区从口腔转移到肛门，幼儿喜欢通过延迟或延长排便时间来满足自己的性快感。③性器期（3~6岁），通过抚摸、显露生殖器满足本我的欲望，同时儿童开始把性爱转向外界，产生了对异性父母的爱恋（恋母情结或恋父情结）和对同性双亲的忌妒。④潜伏期（6~12岁），此期中儿童性欲倾向受到压抑，快感来源主要是对外部世界的兴趣。⑤生殖期（12岁至成人），该时期到了青春期，性腺成熟，而其性的满足主要来源于自己身体感受的刺激和对自己性器官的抚弄，逐渐有了成年的性欲和自觉的性意识。

弗洛伊德认为，性心理的发展过程若不能顺利进行，则会发生严重的心理障碍，而心理障碍会导致任何阶段发展的停顿或延缓，这种现象被称为"停滞"。而停滞在某一发展阶段，就发生了"固着"；或在个体受到挫折后从高级的发展阶段退回到某一低级的发展阶段，就产生了"倒退"。固着和倒退都可能导致心理的异常，成为各种神经症、精神病的根源。而倒退和停滞是相互补充的，停滞的现象越是严重，就越容易产生倒退。他认为有关性方面问题解决不好，往往会导致各种性变态和心理失常。

（三）人格理论

弗洛伊德认为人格由本我、自我和超我构成。

本我是人格结构中最原始的部分，从出生之日起即已存在。本我由先天的本能、基本欲望所组成，如饥、渴、性等，其中以性本能为主。本我纯粹遵循快乐原则，追求本能能量的释放和紧张的解除。弗洛伊德认为，有机体受到外界刺激，会促使欲望增加，从而引起紧张和不安。这就需要降低紧张状态，否则将体验不愉快的紧张状态。本我不考虑外界现实的情况，不考虑时间、地点，不考虑用什么方式、方法进行活动，而是趋向立刻寻求满足以发泄原始冲动。弗洛伊德认为本我力量最大的阶段是婴幼儿时期。

自我是个体出生后在现实环境中由本我分化发展而产生的，由本我而来的各种需求，如不能在现实中立即获得满足，个体就必须迁就现实的限制，并学习如何在现实中获得需求的满足，支配自我的是现实原则。此外，自我介于本我与超我之间，对本我的冲动与超我的管制具有缓冲与调节的功能。儿童出生后只有本我，直到和环境产生相互作用时，人的自我才发展起来。自我所代表的是理性，而本我所代表的是情欲。但自我不能脱离本我而单独存在，自我的力量来自本我，自我是用来帮助本我并力图使本我得到满足的。为了理解自我与本我的关系，弗洛伊德做了一个比喻：本我像一匹马，自我犹如骑手，通常骑手控制着马行进的方向。

超我是人格结构中居于管制地位的最高部分，是由于个体在生活中，接受社会文化道德规范的教养而逐渐形成的。超我有两个重要部分：一为自我理想，要求自己行为符合自己理想的标准。二为良心，规定自己行为免于犯错的限制。因此，超我是人格结构中的道德部分，从支配人性的原则看，支配超我的是至善原则。

人格结构中的三个层次相互交织，形成一个有机的整体，它们各行其责，分别代表着人格的某一方面——本我反映人的生物本能，按快乐原则行事，是"原始的人"；自我寻求在环境条件允许的情况下让本能冲动能够得到满足，是人格的执行者，按现实原则行事，是"现实的人"；超我追求完美，代表了人的社会性，是"道德的人"。在通常情况下，本我、自我和超我是处于协调和平衡状态的，从而保证了人格的正常发展。如果三者失调乃至被破坏，就会产生心理障碍，危及人格的发展。

（四）自我防御

弗洛伊德认为，既然焦虑是相当痛苦的情绪体验，就必须降低和防止焦虑。为了减轻焦虑，自我就得发展出一套用来欺瞒超我的防卫机制。它可以采取一些歪曲现实的方法保护个体，帮助个体不受焦虑的侵袭，让本我得到最大限度的满足，以保持自己的心理平衡，我们称自我的这一特殊的功能为"自我防御机制"，即个体在无意识的驱动下，采用某种方法或手段，转变自己对现实状态的分析，或改变与现实的关系，避免心理上产生痛苦和挫折感。这是一种健康的正常现象，可以帮助我们缓解心理压力和焦虑，避免冲突的加深。但需要注意的是，防御机制毕竟歪曲了现实，而且是在无意识状态下进行的，过度使用则会成为不健康的特征。常见的心理防御机制有以下几种：

（1）压抑。是最基本的自我防御机制。就是将那些不被超我允许的想法、具有威胁性的愿望和要求排除在意识之外。一种方式是将出现在意识之中的东西驱赶到潜意识之中，另一种方式是遏制潜意识中的东西进入意识。但是，这些想法、愿望和要求并没有消失。它们在潜意识里活动，仍然对行为发挥影响，让个体感到困扰，并且可能通过梦、口误等形式表现出来，也可能被象征性或替代性地加以满足。

（2）否认。是指对某种痛苦的现实有意识或者是无意识地加以否定，来缓解自己的焦虑和痛苦。由于不承认似乎就不会痛苦（如拒绝相信亲人的亡故，仍坚持说其未死）。这的确是一种保护性质的、正常的防御。其只有在干扰了正常行为时才能算是病态的。

（3）合理化，又称文饰作用。是指当某种心理或行为发生后，如果潜在的真实动机或愿望是不能被接受的，自我会找一个貌似恰当的理由来解释。通俗一点儿说，就是为自己错误的想法和行为找一个貌似合理的借口，如对儿童的躯体虐待说成是"玉不琢，不成器""打是疼，骂是爱"。合理化有两种表现：一是酸葡萄心理，即把得不到的东西说成是不好的。二是甜柠檬心理，即当得不到葡萄而只有柠檬时，就说柠檬是甜的。两者均是在掩盖其错误或失败，以保持内心的安宁。

（4）置换。是无意识地将指向某一对象的情绪、意图或幻想转移到另一个对象或替代的象征物上，以减轻精神负担，取得心理安宁。如一个孩子被妈妈打后，满腔愤怒，难以回敬，转而踢倒身边的板凳，把对妈妈的怒气转移到身边的物体上。这时虽然客体变了，但其冲动的性质及其目的仍然未改变。在心理治疗中，情感的无意识置换既是移情的基础，也是反移情的基础。

（5）投射。是指自我将不能接受的冲动、欲望或观念投射于客观或别人，认为那是别人的想法和要求，或者认为别人也和自己有一样的念头。"以小人之心度君子之腹"说的就是前一种现象。一个自私自利的人认为"人人都是自私的"，说的是后一种现象。投射会造成人的知觉判断错误，但是自己很难觉察和纠正。

（6）反向。是指个体努力表现出与自己真实情感或想法相对立的行为。人们常常用亲近行为来掩饰憎恨，如笑里藏刀；用冷酷的面具掩饰爱意，如恨铁不成钢。又如刚进入青春期的少男少女们常表现出一种对抗和敌意，实际上这是在缓解无意识中对异性的好感和倾慕。

（7）退行。是指从人格发展的较高阶段倒退回早期阶段。一般来说，退行就是当一个人面临某一应激情境，无法以适合该年龄身份的适当行为独立应付时，转而以较早阶段的幼稚行为方式来求得他人的支持和安慰。例如，部分大学新生每周都要回到父母身边一起过周末，成年人在内心焦虑时不自觉地咬手指等行为，都是退行的表现。也有人把成年人沉湎于幻想和白日梦看成是退行的一种较严重的表现，这使他得以生活在一个能满足其愿望的虚幻的世界里，而免去了面对现实的焦虑。

（8）升华。是一种最积极的富有建设性的防御机制。因为它可以把社会所不能接受的性欲或攻击性冲动所伴有的"力比多"能量转向更高级的、社会所能接受的目标或渠道，进行各种创造性的活动。从文艺家的一些著名创作中均可见到升华机制的作用。

二、精神分析疗法的策略和技术

精神分析疗法主要在于逐渐觉知、明晰、洞察人的行为，以及了解精神症状所显示的意义。因为精神分析认为症状是神经症冲突的结果，它是经过伪装的，背后有无意识的症结。咨询中要帮助来访者寻找症状背后的无意识动机，使之与意识相见，即通过分析让来访者自己意识到其无意识中的症结所在，产生意识层次的领悟，使无意识的心理过程转变为有意识的。如果来访者了解了症状的真实意义，便可使症状消除。精神分析疗法主要有以下五种方法。

（一）自由联想

自由联想是从催眠中演化出来的，最初是布雷尔在使用催眠治疗患者安娜的过程中发现的精神宣泄的谈话疗法，即在催眠的条件下，引诱患者把自己以往致病的创伤性经验或事件尽情吐露出来，使这些致病的创伤性经验被完全暴露在意识中，各种症状就会消失。后来弗洛伊德采用这种方法来治疗来访者，使来访者尽可能地将心里的话说出来，不管它们是多么的琐碎、无逻辑、不清楚，来访者仍直接地、不假思索地报告出来。这种方法称为"自由联想"。在自由联想过程中，咨询师的任务是鉴别与解析潜意识中被压抑的、与来访者有关的资料。来访者通常躺在长椅上，而咨询师则坐在其后，这样才不至于使来访者在自由联想的时候受到限制。自由联想方法不仅省力而且还能使来访者受到极少的压力，且永远不会与眼下的环境失去联系，它在很大程度上能够确保既不放过神经症产生的任何因素，也不会因为咨询师事先有过估计而掺杂别的原因，甚至可以说，自由联想是让来访者自己决定分析的进程和材料的安排。自由联想还有一个优点就是根本不需要去打断它，假如不对联想的情形规定什么条件的话，从理论上说是完全可能进行联想的。自由联想是建立在弗洛伊德的心理决定论基础上的，但是自由联想对来访者的要求比较高，不仅需要一定的知识文化背景，而且它耗费的时间较长，经济成本昂贵。

（二）梦的分析

在睡眠中个体的防卫能力是比较低的，一些被压抑的情感会表面化。弗洛伊德把梦看作通往潜意识的大道。在梦中一个人的潜意识欲望、需要与恐惧会表现出来，某些不被人所接受的动机会以伪装的形式表现出来，而非直接显现。梦的显示是以不同的机制制作出来的，它们并不遵循逻辑的原则，主要有这么几种机制：压缩、替换、转换和反向等。对梦的分析实际上就是要揭示梦的制作的反过程，即将显梦翻译为梦的隐意或做梦者的无意识愿望和观念。

（三）抗拒的处理

抗拒是来访者有意识或无意识地回避某些敏感话题，有意无意地使咨询重心偏移的情况。弗洛伊德认为，来访者抗拒的原因是一种潜意识的防御作用，以逃避来面对自己所无法忍受的焦虑。抗拒会使咨询师进一步咨询的工作更加困难，甚至有使工作完全停顿下来的危险。抗拒主要有两种：一是引起的抵抗，二是持续于整个咨询过程并随工作进展而更新的抵抗。处理抗拒的方法是咨询师指出来访者的抗拒心理，帮助来访者了解抗拒的原因：一是"罪恶感"，二是来访者的自我保护本能是"反向的"，即似乎是在追求自我伤害和自我破坏，让来访者正视抗拒的行为，并借此探讨潜意识的作用。

（四）移情的分析

移情是指来访者在咨询过程中，把咨询师当成他过去生命中的一个重要人物（如父母或其他重要人物），并以对待此重要人物的情感来对待咨询师。移情是两极化的，它既包含了对分析者积极的、温情的态度——正移情，又包含了对分析者消极的、敌对的态度——负移情。在咨询过程中，移情是一个关键，因为透过移情作用，咨询师可以具体地观察了解来访者的人际关系，掌握更多的真实资料并解析来访者问题行为的冲突所在。

（五）解释

解释的目的是让来访者正视他所回避的东西或尚未意识到的东西，使无意识之中的内容变成意识，从而消除神经症症状。要揭示症状背后的无意识动机，消除抗拒和移情的干扰，使来访者对其症状的真正含义有所了解，解释都是必不可少的。因为解释是咨询师根据从各种渠道收集到的资料，如来访者传达给咨询师的信息和自由联想内容、来访者在移情时向咨询师表明的内容、通过解析来访者的梦以及来访者的口误或动作错乱所泄露的信息等等，来分析来访者症状的潜意识根源，并且帮助来访者认识到症状真正的隐意而达到领悟。解释是咨询师利用自己的手段建立在对来访者冷静的倾听和敏锐的观察基础上，在来访者接受思想转变时进行的。此外，单个的解释往往不可能明显见效。较为有效的方法是在适当的时机，咨询师把解释告诉来访者，那么在那一段时间内来访者常常会进一步确证咨询师的解释，并主动积极地回忆他所遗忘的内部或外部事件，然后慢慢地接近问题，从对问题的澄清逐步过渡到解释。因此，解释是一个缓慢而又复杂的过程。通过解释，咨询师可以在一段时间内不断地向来访者指出其行为、思想或感情背后潜藏着的本质意义。解释是精神分析中最常用的方法，也是精神分析治疗的实质。

第二节　行为疗法

行为主义理论是对学校心理辅导具有重要影响的心理治疗理论之一。它诞生于 20 世纪 20 年代的美国，其创始人为美国心理学家华生。该学派的基本理论主要有经典条件作用理论、操作性条件作用理论和社会认知理论。虽然其心理学内容不完全一致，但这三种理论都是关于个体学习的发生机制和产生条件的理论，都是以"刺激—反应"的学习过程来解释行为的。在行为主义心理学家眼里，人和动物在行为规律上没有什么区别，都可以用科学的方法进行客观的观测、描述解释、预测和控制。学习这一概念是行为疗法的核心，行为治疗技术的实质是一些获得、消除和改变行为的学习程序。

一、行为疗法的基本理论

（一）经典条件反射

经典条件反射又叫应答条件反射，它是以无条件反射为基础建立的。一个中性刺激通过与无条件刺激反复结合，最后能引起原来只有无条件刺激才能引起的反应。巴甫洛夫在这一领域做出了突出的贡献，他通过对狗的喂食实验阐述了经典条件作用。给狗喂食物时，把食物放在狗的嘴边，狗开始分泌唾液，这是一种应答性的行为。如果给狗喂食时，用一个中性刺激（如铃声）和食物反复结合，经过多次练习，只给狗铃声刺激不给狗食物，狗也会分泌唾液。一个中性刺激与无条件刺激配对，最后能引起原来只有无条件刺激才能引起的反应，这就是初级条件反射的形成。在初级条件反射的基础上又可以引入一个新的中性刺激建立次级条件反射。由于人具有概念和语词能力，可以用概念和语词替代任何具体的刺激物，所以人能够以语词建立极其复杂的条件反射系统。

经典条件反射包含以下主要概念：

1. 强化

伴随条件刺激的呈现给予无条件刺激。强化是形成条件反射的基本条件。

2. 泛化

对一个条件刺激形成的条件反应，可以由类似的刺激引起。反过来说，条件反应可以迁移到类似原条件刺激的刺激上。人们常说的"一朝被蛇咬，十年怕井绳"就是泛化的表现。泛化可能是许多症状得以维持和发展的原因。

3. 分化

分化是与泛化相对的过程。在泛化发生后，继续进行条件作用训练，但只对特定条件刺激予以强化，对类似刺激不予强化，会导致有机体抑制泛化反应，只对特定条件刺激发生反应，这就是分化。分化意味着有机体逐渐能够分辨刺激物之间的性质差异。分化的形成是选择性强化和消退的结果。

4. 消退

已形成的条件反射由于不再受到强化，反应强度趋于减弱乃至该反应不再出现，被称作"条件反射的消退"。

（二）操作性条件反射

虽然人类很多行为都是经典条件反射，即应答性条件作用的结果，但许多学者认为，人类更大范围的行为类型是通过操作性条件作用过程获得的。操作性条件作用的关键点在于有机体（动物或人）做出一个特定的行为反应，这个行为反应导致环境发生某种变化，即发生了一个由有机体引起的事件。这个事件对有机体可能是积极的也可能是消极的。不管是哪一种，这个事件都会对有机体后续的反应有影响。如果事件具有积极价值的话，有机体会更倾向于做出同样的行为，如果具有消极价值的话，则会抑制该行为。这自然是一种学习，通过这种过程，有机体"知道"了行为与后效的关系，并能根据行为后效来调节行为。虽然并非如斯金纳设想的那样，一切行为都可以通过操作性条件作用来解释，但的确有无数的行为和经验是通过操作性条件作用获得的。既然人们的行为是由行为的后效来塑造的，那么，有意识地设置一些环境条件，使特定的行为产生特定的后效，就可以人为地控制、塑造行为。操作性条件作用的治疗原理就在于此。

操作性条件作用的一些重要概念与经典条件作用的概念有一些共同之处，但也有明显区别。

1. 强化

强化是操作性条件作用的核心概念。强化分为正强化和负强化两种。

正强化指的是当个体做出一个行为后，给予一个积极强化物。这会增加个体做出该行为的频率。例如，在咨询会谈中，来访者进行自我揭示，咨询师给予点头、微笑等支持反应，来访者会倾向于进一步的自我揭示。负强化指的是当个体做出一个行为后，出现一个消极强化物消失的事件，这也会增加该行为的出现频率。例如，当一只不断受到电击（消极强化物）的老鼠偶然碰到一个杠杆时，电击停止，老鼠以后在遇到类似情境时会增加触碰杠杆的反应。

2. 惩罚

惩罚是和强化相反的概念，它涉及的是行为的消除机制。和强化一样，惩罚也分正性惩罚和负性惩罚。正性惩罚是指当个体做出一个行为后，出现惩罚物，以后个体会减少做出该行为的频率。例如，当孩子打人之后，家长会打他的屁股，以后这个孩子的打人行为会减少。负性惩罚则是当个体做出一特定行为后，他所期望的东西就不会出现，这也会减少其做出该行为的频率。例如学校规定，平时上课迟到一次期末考试成绩扣 5 分，就是利用了负性惩罚原理。

3. 消退

操作性条件作用与经典条件作用的消退概念很接近。它指的是在一特定情境下，如果某人做出以前被强化过的反应，而现在这个反应没有得到通常的强化，那么，此人下次遇到类似情境时，就可能较少再做同样的事。换言之，如果通过积极强化使一种反应的出现频率增加了，那么完全停止强化将导致这种反应的频率下降。要使一种反应完全消退，需要进行多次消退训练。如果反应在消退期间不时受到偶然强化，则不仅不会出现消退，反而会使该反应更加牢固。因为这种情况已是一种特殊的强化程序了。

由于消退现象的存在，要使一个行为保持下去，就必须不断进行强化。但如果每次反应后均需予以强化，不仅实际上难以做到，而且不一定是最有效的强化办法。强化程序揭示了不同的强化安排的后效，它为强化方式提供了依据。斯金纳研究了四种强化程序的效果，即固定比率程序、变动比率程序、固定时距程序和变动时距程序。

（三）社会观察学习

早期行为主义心理学家认为"强化"是在人的行为学习中的唯一决定因素，而否认人的内在心理因素对人的行为的影响。他们把心理与行为等同起来，并以行为代替心理，完全忽视人的活动中认知、态度、欲望和动机等的作用。他们只关心刺激与反应，认为刺激与反应之间的复杂心理过程是不能控制、不能观察和无法研究的"暗箱"。后期的行为主义心理学家已开始认识到，在行为的形成过程中，强化并不是必需的。班杜拉等人认为，人们的许多行为不必通过强化，而只要通过模仿就能获得。如儿童看到成年人或电视剧中的攻击行为，自己也会变得富有攻击性。他们提出，以往的行为主义理论家一般都用物理的方法来进行动物实验，忽视社会变量。而班杜拉本人则强调以人作为基本研究对象，在自然的社会情境中而不是在实验室里研究人的行为。实际上，人们在社会情境中，通过观察和模仿学到很多行为。有研究表明，个体也可只通过观察他人的行为而习得新的反应。班杜拉将通过这种观察而习得反应称为"榜样作用"。班杜拉和他的助手们进行了一系列实验研究，以说明榜样作用的效果。在一项典型的观察学习的实验中，班杜拉分别就现实、电影和卡通片中成人榜样对儿童行为的影响进行了研究，结果发现，所有这三类成人榜样都同样会导致儿童模仿这种攻击性行为。

班杜拉认为，观察学习习得的行为主要受三类强化的影响。一是外部强化，即人们更倾向于重复操作经由观察获得导致有价值的结果的行为，这就是外部强化。班杜拉在实验研究中发现，在向儿童呈现不同的示范行为时，儿童通常会选择模仿那些能获得奖赏的行为，而放弃那些不能获得奖赏或导致惩罚的行为。班杜拉认为，外部强化可采取物质的奖赏、积极或消极的社会评价、愉快的或令人难受的感觉刺激等形式。二是替代强化，即经由观察而获得的行为后果，与自己直接体验到的后果，是以同样的方式影响获得行为的表现的。这也就是说，学习者的行为表现是受替代强化的影响的。事实上，在通过观察习得的无数反应中，看到他人获得积极效果的那些行为，比看到他人受到消极后果的那些行为更容易表现出来。三是自我强化。人们对自己行为产生的自我评价的反应，也会调节人们做出那些通过观察学习到的反应。他们倾向于做出感到自我满足的反应，拒绝做出自己不赞成的行为。这就是自我强化。

二、行为疗法的策略和技术

行为疗法基本假定：异常行为习惯与正常行为习惯一样，都是学习的结果，既然人的行为习惯可以通过学习获得，同样也可以通过学习而改变或消除。因此，行为主义把心理辅导的着重点放在直接消除或纠正适应不良或异常行为上，不去研究、分析行为的内在动机，只以特殊的行为为目标，并通过经典条件作用、操作性条件作用、观察学习等行为治疗技术予以改变。

下面介绍常用的行为治疗技术。

（一）松弛训练法

松弛训练法，也称放松训练法，它是一种通过训练有意识地控制自身的心理生理活动、降低激活水平、改善机体紊乱功能的心理辅导方法。其目的在于减轻由情绪上的紧张、不安、焦虑和愤怒引起的肌肉紧张，以达到精神的放松。一般来说，其方法是紧缩肌肉、深呼吸、释放现在的思想、注意自己的心跳次数等等，帮助来访者经历和感受紧张和松弛状态，并比较两者的差异。如渐进性放松法，就是在安静的环境中采取舒适放松的坐位或卧位，按指导语或规定的程序，对全身肌肉进行"收缩—放松"的交替练习，每次肌肉收缩 5~10s、放松 30~40s，经过反复训练，使来访者感觉到什么是紧张和松弛，从而提高消除紧张、达到松弛的能力。放松训练在学生平时紧张和焦虑时可以使用，特别适合考前易紧张者。

（二）系统脱敏法

脱敏就是脱离、消除过敏之意。系统脱敏法又称"交互抑制疗法"。该方法是由精神病学家沃尔普于 20 世纪 50 年代创立的。这种方法主要是诱导来访者缓慢地暴露于导致神经症焦虑的情境，并通过心理放松的状态来对抗这种焦虑情绪，从而达到消除神经症焦虑或恐惧状态习惯的目的。系统脱敏法由三个部分组成：放松训练；建立恐惧或焦虑的等级层次；让来访者在肌肉放松的情况下按焦虑的等级层次进行想象或实地脱敏。当学生对某对象（包括物、人或环境）产生过分敏感的反应时，咨询师可以在来访者身上引起一种不相容的反应。例如有的儿童害怕老鼠，看见老鼠就出现惊叫、心跳加快、面色苍白等不良生理反应。对这种过敏反应，可在儿童信赖的人（父母）陪同下，在做愉快的事情的同时，从无关的话题切入关于老鼠的话题，从图片到玩具宠物，从电视、录音机的形声到真实的老鼠，从远到近，逐渐接近放有老鼠的笼子，鼓励儿童去看、去接触，多次反复，直至儿童不再过度恐惧老鼠。脱敏法与松弛训练法结合一起使用的程序如下：进行全身松弛训练，放松身体各部位；建立焦虑刺激强度等级层次，由来访者想象从最轻微的情境到最恶劣的情境；焦虑刺激想象与松弛训练活动相配合，让学生做肌肉放松，然后想象从焦虑刺激的最轻微等级开始逐步提高，直到最高也不出现焦虑反应为止。若在某一级出现了焦虑紧张，就应退回到较轻的一级，重新进行或暂停。

（三）满灌疗法

满灌疗法，也叫暴露法、冲击法，就是给予来访者能引起其强烈焦虑或恐惧的刺激，从而使紧张焦虑或恐惧消失。满灌疗法一开始时就让来访者进入最使他感到焦虑或恐惧的情境中，或采用想象，或观看电影、录像，或直接进入真实的情境，使来访者接受各种不同形式的焦虑恐惧刺激，同时不允许来访者采取闭眼睛、哭喊、堵耳朵等行为逃避。在反复的刺激下，来访者因焦虑恐惧而出现心跳加快、呼吸困难、面色苍白等反应，但其最担心的可怕灾难却始终没有发生，这样焦虑和恐惧的反应也就相应减轻直至消退。满灌疗法使用时应注意要确立主要辅导目标，并要求来访者高度配合。另外，要充分了解来访者的身心状况，以免发生意外。

（四）代币疗法

代币疗法又称"奖励强化法""代币管制法"。它通过某种奖励系统，在来访者出现某种预期的良好行为表现时，立刻给予奖励来强化该种行为，从而使来访者所表现的良好行为得以形成和巩固，同时使其不良行为得以消退。代币可以用不同的形式表示，可以是小红旗、带有分值的小卡片、筹码和证券等多种形式。咨询师用代币作为奖励，强化来访者的期望行为，然后来访者可以用获得的代币换取自己喜欢的东西。使用代币法时，需要注意以下几个方面：第一，确定所要改变的目标行为。咨询师与来访者都要知道所要改变的行为是什么，并对此达成共识。第二，确定代币的类型。代金券、小红花、小红旗，或是记录分数等。第三，选择支持代币的强化物。如用代币可以换得食物、水果或参加某种有趣的活动等。与来访者商定奖励的内容，这一内容应当是来访者感兴趣并想获得的。第四，建立代币兑换规则，即规定完成哪些行为可以得到代币。

（五）宣泄疗法

宣泄疗法，也叫发泄疗法，是指让来访者把经受过的心理创伤、不幸遭遇和所感受到的情绪发泄出来的一种治疗方法。宣泄的方式有多种。一是倾诉。在倾诉过程中，咨询师要主动地引导来访者回忆那些不幸的遭遇、痛苦的场面以及产生的情绪，尽量让他们把这些痛苦的情绪发泄得干干净净。同时，咨询师还要耐心倾听来访者的诉说，真诚理解来访者的心情，热心安慰和积极鼓励来访者。二是运动。据有关研究表明，剧烈的体育运动可以大大减轻内心的痛苦和焦虑。三是哭。有数据表明，90% 以上的女性认为当痛苦和难过时，大哭一场之后感觉就好多了，82%的男性也有同感。

行为疗法除了以上介绍的几种之外，还有其他的一些方法，如厌恶疗法、生物反馈疗法等，都有较好的治疗效果。

第三节　以人为中心疗法

在人本主义心理学出现之前，心理学中影响最广泛的是精神分析学派和行为主义学派，而人本主义对这两大学派都进行了批判。他们批判精神分析学派太过强调人的病态心理，也批判行为主义学派太过强调人的生物性。人本主义学派认为人是健全发展的人，是积极向上的人。以人为中心疗法的出现正是基于这种思想，在心理咨询和治疗领域享誉盛名。

一、以人为中心疗法的基本理论

以人为中心疗法的前身名为"非指导性疗法"，是美国罗杰斯在20世纪50年代创立的。以往的心理治疗的治疗对象往往被称为来访者或患者，而罗杰斯在《个人形成论 我的心理治疗观》一书中，用"client"一词代替了"patient"，这一术语的变更代表着一种观念的更新，也反映了罗杰斯对治疗对象的不同看法。他认为基于医患关系的咨询与治疗势必是不平等的。在寻求咨询和治疗的人当中许多都是健康的，不是患者，不过是遇到了一些心理问题。[①]在罗杰斯的治疗中，咨询师和来访者之间必须是一种平等的关系，这样咨询师才能真正地尊重、关注、理解来访者，耐心倾听，时刻

---

① 罗杰斯.个人形成论: 我的心理治疗观[M].杨广学等,译. 北京: 中国人民大学出版社,
2004.

支持与陪伴，最终达到使来访者恢复心理健康的目的。与别的心理疗法不同，他强调咨询师不对来访者进行任何指导。经过多年的发展和完善，这一方法被逐渐命名为"以人为中心疗法"。

（一）人性理论

罗杰斯认为，人的本性是积极向上、建设性、值得信赖的，这些特性与生俱来，而"恶"是由于防御或者其他的原因造成的结果，并不是本性的反映，这是以人为中心疗法最核心的观点之一。心理治疗的关键是咨询师对来访者的尊重和信任，以及建立一种有助于来访者发挥个人潜能、促其自我改变的合作关系。因此，以人为中心疗法强调了人的主观能动性。

（二）自我概念

在以人为中心疗法中，自我概念理论具有重要的地位。罗杰斯提出的"自我概念"，包括人对自己的认识、对自己与其他客体的区别和相互关系的认识以及对人的价值标准的认识。自我概念是在自我发展的过程中，在与环境和别人的接触与交往作用中逐渐形成的。

根据罗杰斯的观点，所有个人都会发展一个"真实的自我"和一个"理想的自我"。真实的自我是指个体当前行使功能时的自我概念，理想的自我是指个体渴求的自我概念。理想的自我常常是以其他人的目标为基础，建立在内化别人的价值观之上的。罗杰斯认为大多数个体都会或多或少体验到理想的自我和真实的自我之间的不一致，适当的不一致是成长的动力源泉，但当理想的自我和真实的自我差距太大时，个体就会出现对自身的不满，从而表现出烦恼和忧伤的情绪。

二、以人为中心疗法的策略和技术

（一）以人为中心疗法的步骤

罗杰斯将治疗过程细分为以下 12 个步骤，它们在实施过程中前后承接，是不能分开的。

（1）来访者主动求助。来访者如没有改变自我的需要，治疗很难成功。

（2）咨询师说明情况。咨询师向来访者介绍治疗过程，强调来访者的作用，咨询师的作用只在于创造有利于来访者倾诉的气氛。

（3）鼓励来访者自由表达情感。不管来访者表达什么样的情感（含混的或敌意的），咨询师均应以诚恳、友好的态度相待。

（4）咨询师要能够接受、认识、澄清对方的消极情感。咨询师不只是被动接受对方提供的信息，仅对表面的内容作出反应，而应深入对方的内心深处，注意发现对方影射或暗含的情感。这是很困难且很微妙的一步。

（5）促进来访者的成长。一旦对方将消极情感表达、暴露出来，模糊的、试探性的、积极的情感便会不断萌生出来。

（6）接受来访者的积极情感。咨询师只需不加评价地接受对方的积极情感，促使对方自然达到领悟与自我了解的境地。

（7）来访者开始接受真实自我。由于咨询师对来访者采取了理解与接受的态度，来访者便有机会重新认识自我，并接受真实自我。这为对方在新的水平上达到自我整合奠定了基础。

（8）帮助来访者采取决定。新的整合意味着新决定与新行为的产生，咨询师应协助对方澄清可能做出的选择。

（9）疗效的产生。来访者通过自我领悟，达到了对问题新的认识，某种积极、尝试性的行动便应运而生了。

（10）扩大疗效。在已有尝试的基础上，咨询师应帮助对方发展更深层的领悟，并扩大领悟范围。

（11）来访者全面成长。来访者克服了恐惧，勇于探索自我发展的新行动。此时，双方的关系达到顶点，来访者会主动提出问题与咨询师讨论。

（12）治疗结束。来访者感到无须再寻求帮助时，治疗即告结束。

（二）以人为中心疗法的策略

以人为中心疗法主要强调咨询师和来访者之间的关系的重要性，所以很少使用技术，认为咨询师的态度第一而技术其次，强调要把指导、分析、质问、探究、诊断、收集个案史等降到最低程度。反之，咨询师要尽可能地积极倾听，作出情感反应和澄清。以人为中心疗法提供更多的是一种咨询的理念而非方法，因此没有如精神分析疗法、行为疗法中那些具体明确的咨询方法和技术。它强调的是如何调动来访者自身的潜力，如何提供一种适宜的气氛，以引导来访者做自我探索，认识成长中的障碍，体验从前被否定与扭曲的自我，从而能开放自我、相信自我，增加自发性与活力。

以人为中心疗法更强调咨询态度的重要性，认为融洽的咨询关系是咨询获得进展的决定性因素，同时也提出了建立适宜的心理辅导气氛的三种最重要的态度及相应的形成技术。这三种态度是真诚、无条件积极尊重和共情。

1.真诚

咨询师在心理辅导的整个过程中要言行一致，要真诚、坦白、开放地对待来访者，表现出真实的自己，没有虚伪的面具，让来访者了解到咨询师也是个人，并非扮演某一角色。罗杰斯曾这样论及真诚：在咨询关系中，真诚的主要作用就是使来访者对咨询师产生信任，有了这种信任，咨询与辅导过程也就会更顺利。在这种真诚的人与人的关系中，咨询师能坦白地与来访者分享自己的感受，甚至包括负面的感受，达到经验的交流和共享。罗杰斯相信来访者能够分辨出咨询师对他是否真诚。真诚有不同的层次，一般包括由浅入深四个层次：

（1）咨询师隐藏自己的感觉，或者以沉默来惩罚来访者。

（2）咨询师以自己的感觉来作出反应，其反应符合自己所扮演的角色，但不是他们自己真正的感觉。

（3）为了增进两人之间的关系，咨询师有限度地表达自己的感情，但不表达否定、消极的情感。

（4）无论是好的还是不好的感觉，咨询师都以言语或非言语方式表达出来，经由这些情感表达，双方的关系变得更好。

真诚是咨询师内心的自然流露，咨询师应通过自身的潜心修养和不断实践，进一步表现出高层次的真诚，促使来访者更了解自己。

2. 无条件积极尊重

无条件积极尊重，就是指咨询师以平等的身份真正、深切地关心来访者，无条件地尊重和认可来访者。无论来访者是何种身份都要给予尊重，没有歧视性，一视同仁。无条件积极尊重能够创造一种没有威胁的情境，在此情境中，来访者能够自由地表达并且接受自己的感受，不会担心被拒绝。咨询师不对来访者的感情、思想、行为做出评价和判断。这并不表示咨询师必须赞同来访者所说的每一件事，特别是可能对来访者本人或其他人造成伤害的行为，但是如果咨询师对来访者展示不尊重、不喜欢或厌恶，心理辅导工作就不可能有收获。

一个成功的心理辅导过程之所以能够产生，是因为来访者觉得被咨询师完全接纳，所以他有勇气将自己的内心展现在咨询师的面前。

3. 共情

共情是指咨询师要放下个人的参照标准，站在来访者的立场上，试着将自己融入来访者的感觉世界中，从来访者的立场设身处地地去看待问题。咨询师所表达出来的想要了解对方的态度，使来访者体会到自己是一个值得被了解与倾听的人。罗杰斯曾这样描述：感受来访者的私人世界，就好像那是你自己的世界一样——这就是共情。[①]它对咨询与辅导是至关重要的。感受来访者的愤怒、害怕或迷乱，就像那是你的愤怒、害怕和迷乱一样，然而并无你自己的愤怒、害怕和迷乱卷入其中，这就是我们想要描述的情形。

（三）以人为中心疗法的技术

虽然以人为中心疗法是一种非指导性的治疗方式，重视来访者与咨询师之间的治疗关系和良好氛围的建立，很少使用影响性的技术，但在建立了一个安全、尊重和支持的空间之下，有一些倾听和回应的技术也是非常有用的，如对情感的回应、鼓励、重复等。罗杰斯在治疗时也运用一些技巧，可以有效地对来访者进行理解和回应。

---

① 罗杰斯. 个人形成论：我的心理治疗观 [M]. 杨广学等，译. 北京：中国人民大学出版社，2004.

1. 情感回应

情感回应是罗杰斯以人为中心疗法中最基本的一个方法。这种方法常常被理解为"把来访者说出的情感体验再重复说给来访者听"①，这是一种误解。实际上咨询师不仅要重复陈述来访者的情感体验，也要清楚地表达自己在这一刻所感受到的情感。因此，情感回应并不是任何人都可以简单掌握和模仿的操作技术，它的核心是咨询师对来访者情感的一种高度关注。

2. 复述

复述是一种常用的反应技术，也是罗杰斯治疗中被人误解最多的技术，罗杰斯在与来访者的谈话中，有时仅仅是重复一遍来访者说的话，但这种复述并不只是一个简单的"回声"而已，它往往能精准地反映来访者此时此刻的情感、思想以及话中想要表达的意思，就像镜子一样。罗杰斯的复述一般有4种方式：①复述原话。②整合来访者所说的话，把来访者的意思更加清晰而简洁地表述出来。③突出来访者某种情感的复述。④用第一人称复述。

3. 解释

对于以人为中心疗法来说，咨询过程中并不常出现"解释"这样带有指导性的技术。但在具体的咨询过程中，罗杰斯也并不是完全不做解释，根据不同个案的情况，他也会根据所收集到的资料做出一些推断。这里要注意罗杰斯的解释和精神分析的解释之间是有区别的。精神分析的解释基于弗洛伊德的人格理论，重点在于探索患者的早期经历与现在的心理困扰

---

① 罗杰斯. 个人形成论：我的心理治疗观 [M]. 杨广学等，译. 北京：中国人民大学出版社，2004.

之间的关系，从而释放内部的能量，使患者产生顿悟，而罗杰斯的解释则是澄清来访者所表达的内容，进一步了解来访者的内心活动，同时也促进来访者对自己内心的探索。

4.自我暴露

自我暴露是咨询师向来访者暴露自己的有关信息。在咨询过程中，咨询师适当地进行自我暴露可以促使来访者开放自己，同时更多地体验到咨询师的共情和信任，巩固加深咨访关系。咨询师的自我暴露大致可以分为两类：一类是向来访者表达自己在会谈时对来访者言行的感受和体验；一类是暴露自己过去的一些相关经历和体验。

第四节　理性情绪行为疗法

理性情绪行为疗法是20世纪50年代由阿尔伯特·艾利斯（Albert Ellis）在美国创立的。理性情绪行为疗法是认知心理治疗中的一种，因它也采用了行为治疗的一些方法，故被称为"认知—行为"疗法。理性情绪行为疗法强调认知、情绪、行为三者有明显交互作用及因果关系，因此也常常被视为多模式和折中取向的学派。

一、理性情绪行为疗法的基本理论

（一）人性观

艾利斯对人的本性思考及情绪困扰与不快乐的原因有以下几种主张：第一，人有理性思考的潜能，也有非理性思考的倾向。第二，人们的困扰源自本身的非理性思考,而非外在世界的某个事件。第三,人运用理性思考时,会产生积极正向的情绪;人运用非理性思考时,则会带来消极负向的情绪。第四,人们的不好情绪会带来不好的行为,好情绪则会带来好的行为。第五,人单凭思考及想象即可形成观念或信念。理性的思考方式会形成"理性信念",非理性思考方式会形成"非理性信念"。第六,人具有改变认知、情绪及行为历程的天赋能力。由此可见,艾利斯对人性的看法是中性(既是理性也是非理性)偏向乐观的(人的思考、信念、情绪及行为都是可以改变的),而且他也认为人本身具有自我对话、自我评鉴以及自我支持的特性。

(二)ABC 理论

艾利斯认为在情绪的 ABC 理论中,激发事件 A(activating event 的首字母)只是引发情绪和行为后果 C(consequence 的首字母)的间接原因,而引起 C 的直接原因则是个体对激发事件 A 的认知和评价产生的信念 B(belief 的首字母),即人的消极情绪和行为结果(C),不是由于某一激发事件 A 直接引发的,而是由于经受这一事件的个体对它不正确的认知和评价所产生的错误信念 B 所直接引起。错误信念也称"非理性信念"。

如图 3-1 中,A 指事情的前因,C 指事情的后果,有前因必有后果,但是有同样的前因 A,产生了不一样的后果 C_1 和 C_2。这是因为从前因到后果之间,一定会通过一座桥梁 B,这座桥梁就是信念和我们对情境的评价与解释。又因为,同一情境之下(A),不同的人的理念以及评价与解释不同(B_1 和 B_2),所以会得到不同结果(C_1 和 C_2)。因此,事情发生的一切根源缘于我们的信念(信念是指人们对事件的想法、解释和评价等)。

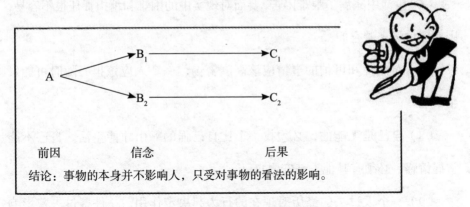

图 3-1 情绪 ABC 理论 ①

艾利斯认为，正是我们常有的一些不合理的信念使我们产生情绪困扰。如果这些不合理的信念一直存在，久而久之，还会引起情绪障碍。

（三）不合理信念及其特征

不合理信念是一种不合理的认知，会使人们出现情绪和行为问题，包括抑郁、自卑、焦虑和恐惧。艾利斯根据自己的临床观察，总结了以下 11 种不合理信念：

（1）自己应该获得周围的人特别是重要人物的喜爱和赞许。

（2）要求自己是全能的，只有在人生的每一个环节、每一个方面都成功的人，才能体现自己的人生价值。

（3）对于那些邪恶、可恶的人，应该给予严厉的惩罚和制裁。

（4）任何事物都应按自己的意愿发展，否则会很糟糕。

（5）生活中的不愉快是由外部环境因素造成的，因此人们无法控制和改变自身的痛苦与困扰。

① 李恒. 情绪治疗 ABC——简介艾利斯的理性情绪治疗理论 [J]. 心理世界，2004（1）：41-42.

（6）生活中充满了艰难困苦，要面对现实中的困难和承担责任很不容易，因此应设法逃避它们。

（7）对危险和可怕的事情应该高度警惕，一个人应该担心随时可能发生灾祸。

（8）自己是无能的，必须找一个比自己强的靠山才能生活。自己不能掌握情感，必须有其他人来安慰自己。

（9）一个人过去的经历对现在的行为起决定作用，一件事过去曾影响自己，所以现在必然影响自己的行为。

（10）人们应该十分关心他人，并为他人的问题感到难过。

（11）一个人碰到的种种问题，应该都有一个正确、完满的答案，如果一个人无法找到它，便是不能容忍的事。

那么，不合理的信念都有哪些具体特征呢？美国心理学家韦斯勒经过归纳研究，总结出了不合理性信念的3个共同特征：绝对化要求、过分概括化、糟糕至极。

（1）绝对化要求。绝对化要求指人们从自己的意愿出发，对某一事物怀有认为其必定会发生或必定不会发生的信念。这种信念通常与"必须""应该"这些词联系在一起，例如"我必须获得成功""别人必须很好地对待我"等。这种绝对化的要求在现实生活中是行不通的，客观事物的发生、发展都有其规律，不可能完全符合某个人的意愿，如果事情的发展不如他所愿，那么由失望而导致的情绪障碍就在所难免。

（2）过分概括化。这是一种以偏概全、以一概十的不合理思维方式的表现。过分概括化是不合逻辑的，就好像以一本书的封面来判定其内容的好坏一样。过分概括化的一个方面是人们对其自身的不合理的评价。例如，一个人因为恋爱失败，认为自己一无是处、毫无魅力，从而导致自责自罪、自卑自弃的心理及焦虑和抑郁情绪的产生。过分概括化的另一方面是对他人的不合理评价，即别人稍有差错就认为他很坏、一无是处等，这会导致一味地责备他人，以致产生敌意和愤怒等情绪，从而导致人际摩擦增加。俗话说："金无足赤，人无完人。"在这个世界上，没有一个人可以完美无缺，所以每个人都应接受自己和他人是有可能犯错误的。艾利斯主张，评价的对象是一个人的行为和表现，而不是人的整体价值或人格。这也正是理性情绪行为疗法强调的要点之一。

（3）糟糕至极。这是一种将可能的不良后果无限严重化的思维定式。一旦有不好的事情发生，即使产生的是一个小问题，也会认为是非常可怕和非常糟糕的，甚至认为是一场灾难。这将导致个体陷入极端不良情绪体验（如耻辱、自责自罪、焦虑、悲观、抑郁）的恶性循环中，难以自拔。例如，得了感冒就认为自己病情很严重，甚至会死；领导没有和自己打招呼就认为是自己做错了什么事，以为会影响到自己的前程；没考上大学，就觉得世界末日到了，自己没有前途，活不下去了，等等。糟糕至极常常是伴随人们的绝对化要求而出现的，当人们认为"必须"和"应该"的事情并非如他们所想的那样发生时，他们就会感到事情糟到了极点。艾利斯认为不好的事情确实有可能发生，尽管我们总是希望不要发生这样的事。人们可以尽可能地去改变这种不如意的事情，但不可能改变时，要学会适应现实。

二、理性情绪行为疗法的策略与技术

（一）治疗过程

理性情绪行为疗法理论认为，人们的情绪障碍是由人们不合理的信念造成的，因此，治疗的重点就是要改变来访者不合理的信念，建立起合理的信念，以合理化的思维方式取代不合理的思维方式。一般认为，理性情绪行为疗法的治疗过程分为四个阶段：心理诊断阶段、领悟阶段、修通阶段和再教育阶段。

（1）心理诊断阶段。这是理性情绪行为疗法治疗的起始阶段，通常在来访者来访的第一次会谈中进行。在这一过程中，要探讨和寻找来访者的问题，要集中注意力于来访者的情绪、行为问题上，探查出这些问题的"ABC"，收集与其"ABC"系列有关的信息。当咨询师确信找到了来访者核心的"ABC"之后，就可以对这一阶段做总结，对来访者做出诊断。

（2）领悟阶段。这一阶段要引导来访者学习理性情绪行为疗法的理论，强化他们对进行理性情绪行为疗法工作的动机。要向来访者指出，他们的情绪困扰之所以延续至今，不是由于早年生活的影响，而是由于他们现在的不合理信念。

（3）修通阶段。这是帮助来访者改变信念的阶段，因而也是治疗的最重要阶段。在这一阶段，咨询师要帮助来访者向其不合理的信念提出质疑，进行辩论，并用情绪和行为的方法加以验证，要帮助来访者对合理信念与不合理信念进行区别，帮助来访者放弃不合理信念。

（4）再教育阶段。这是巩固治疗成果并结束治疗的阶段。此时，咨询师要帮助来访者巩固在治疗中所学到的东西，以便其能更为习惯地采用合理化方式去思考问题。

理性情绪行为疗法的四个阶段是相互重叠和交叉的。这四个阶段一旦完成，不合理信念及由此引起的情绪困扰或障碍就会得到缓解。

（二）治疗技术

理性情绪行为疗法最常用的技术是与不合理信念辩论的技术和认知作业等。

1. 与不合理信念辩论的技术

在理性情绪行为治疗的整个过程中，与不合理信念辩论的技术一直是咨询师帮助来访者的主要技术。这一方法是艾利斯根据自己咨询与心理治疗的经验不断摸索总结出来的。他认为，这一方法使咨询师得以用科学的方式向来访者所持有的不合理信念进行挑战和质疑，以动摇他们的这些信念。对许多受过教育的人来说，这种方法是最为有效的。

寻找来访者的不合理信念，可先从"ABC"模式入手，即先从某一典型事件入手，找出诱发性事件 A，再询问来访者对这一事件的感觉和对 A 的反应，即找出 C。询问来访者为什么会感到焦虑、恐惧等，即从不适当的情绪及行为反应着手，找出其潜在的看法、信念等，分清来访者对事件 A 持有的信念哪些合理、哪些不合理，将不合理的信念作为 B 列出来。在此过程中，要采取逐个击破的原则，找到不合理信念后，通过辩论，不断针对来访者不合理的信念进行提问，以挑战来访者的不合理信念，从而使来访者的信念动摇。

提问的方式，可分为质疑式和夸张式两种：

（1）质疑式提问。咨询师直截了当地针对来访者的不合理信念发问，例如："你有什么证据能证明自己的观点？""是否别人都可以犯错误，而你却不能？""是否别人想问题、做事情都应该符合你的意愿？""你有什么理由要求事情按你所设想的那样发生？""请证实你的观点！"等等。来访者一般不会轻易放弃自己的信念，面对咨询师的质疑，他们会想方设法为自己的信念辩护。因此，咨询师要不断提问，使来访者感到自己的辩解越发无力，才有可能放弃不合理的信念，接受合理的信念，从而让他们认识到：第一，哪些信念是不现实的、不合逻辑的。第二，哪些信念是站不住脚的。第三，什么是合理的信念，什么是不合理的信念。第四，要以合理的信念取代那些不合理的信念。

（2）夸张式提问。咨询师针对来访者不合理的信念故意提出一些夸张的问题。此方法只是提问方式上不同于质疑式。这种提问方式犹如漫画手法，把对方信念的不合逻辑、不现实之处以夸张的方式放大给他们看。例如，一个有社交恐惧情绪的来访者说："别人都看着我。"咨询师问："是不是别人不干自己的事情，都围着你看？"来访者回答："没有。"咨询师说："要不要在身上贴张标签，写上'不要看我'的字样？"答："那人家都要来看我了！"问："那原来你说别人都看你是不是真的？"答："……是我头脑中想象的……"在这段对话中，咨询师抓住来访者的不合理之处发问，前两个问题均是夸张式问题。由于这一提问方式使来访者也感到自己的想法可笑、没有道理，从而容易让来访者放弃自己的不合理想法。

与不合理的信念辩论，咨询师不仅要主动质疑来访者所持有的不合理信念，还要引导来访者对这些信念进行主动思考，这样的效果优于咨询师单方面的说教。

2. 认知作业

理性情绪行为疗法的基本假设是改变人的不合理信念,从而改变情绪和行为反应,但改变人的信念是一件比较困难的事情,所以咨询需要来访者的积极配合。那么咨询师也要经常地给来访者布置家庭作业,以期在会谈之外来访者也能够与自己的不合理信念进行自我辩论。运用理性情绪行为疗法时,咨询师经常给来访者布置的家庭作业有理性情绪行为疗法的自助量表、合理的自我分析、使用幽默等。

(1)理性情绪行为疗法的自助量表。理性情绪行为疗法发展出了一种自助量表,让来访者先找出 A 和 C,然后找 B。表中列出了十几种常见的不合理信念,来访者可以从中找出符合自己情况的 B,如果不在此列的可以单独列出。之后让来访者自己做 D,对自己不合理的信念进行辩论。最后自己填写 E,即写出自己与自己不合理信念进行辩论后所达到的效果。

(2)合理的自我分析。合理的自我分析报告与自助量表基本类似。来访者要以报告的形式写出 ABCDE 各项,只不过它不像自助量表那样有严格规范的步骤,但报告的重点也要以 D 为主,即与不合理信念的辩论为主。

(3)使用幽默。理性情绪行为疗法认为产生情绪困扰的原因经常是人们太过严肃,失去了幽默感以及对于生活的感悟。幽默可以让来访者看到他们一直持有的某些观点是多么荒谬,它也可以使来访者变得轻松一些。艾利斯喜欢使用大量的幽默来驳斥来访者的夸张性思维。

第五节　后现代疗法

面对科学主义心理学重实验统计、轻人类精神生活实际的困境，心理学家不断努力探索，为心理学研究建立了一种新的范式——后现代心理学。

一、后现代疗法的基本理论

后现代疗法是很多人的思想与实践的结晶。该理论在 20 世纪 80 年代被提出。近些年，后现代心理治疗模式透过"故事叙说""问题外化""由薄到厚"等方法，使人变得更自主、更有动力。后现代疗法的治疗，不仅可以让来访者的心理得以成长，同时还可以让咨询师对自我的角色有新的统整与反思。迈克·怀特等人认识到现代的心理治疗学派所持的科学决定论、因果论、诊断与治疗方式都不能帮助来访者解决心理问题。同时，他们在长期的家庭治疗实践中发现，来访者症状背后的原因是复杂的，往往是来访者主观建构的，而且从不同的角度所看待的问题的真相也不一致。同一个来访者的问题，精神分析学派认为是精神创伤所致；行为学派认为是有效学习训练不足或奖惩不当造成的；认知学派认为是不合理的认知导致的；人本主义则认为是缺乏应有的尊重接纳所致。因此，各种心理治疗流派用语言建构出来的心理治疗假说，只能是不全面的反映，充其量是片面认识。后现代主义心理咨询师认为，任何来访者都是一个特殊的个体，每个人都有独特的成长环境和人生经验，而将其诊断归类为某种精神疾病并采用所谓正确治疗方案的传统经验模式是不适当的，心理治疗都应是个别化而非普遍性或系统化的。就这样，一种富有后现代主义精神且真正"以人为本"的后现代疗法应运而生。

（一）人性观

后现代主义学者普遍认为，现代人对现实的认识存在三种不同的信念：第一种认为现实是可知的，人类对现实的成分和运作可以准确而重复地发现、描述并运用。第二种则认为人们往往受困于认知，总试图描述现实，使我们对描述的人有许多了解，却又不太了解外在的现实。第三种观念认为知识的来源就是认知者组成的社群的建构，我们身处的社会现实就是彼此协调所产生的现实。现代主义与实证主义即秉持第一种信念。根据这种世界观，人们相信可以找出基本客观的事实，以及彼此密切相关的、包罗万象的、普遍适用的理论，使我们越来越接近对真实宇宙的正确认识。但是，在以把握物体规律的方式来对待人时，其经验常会去人性化，就好像在生产线上，人会觉得自己像机器一样。后现代主义学者认为，这种现代主义的世界观强调事实、可重复的过程和普遍适用的法则，很容易忽视每个人独特而局限的意义。当现代主义的理念把人当成"客观的物体"来对待时，也诱导他们进入被动的接受者状态。如虽然一粒药或一种技巧可以使人体的功能变好，但是他可能因此把自己想得更糟糕。如许多人因为服用抗抑郁药而睡得更好、更有精力、更少哭泣，同时却视自己为无用或有缺憾的，因为他们"需要"靠药物才能有用。后现代主义学者相信，人类观察并描述世界的能力，任何一种精准、绝对、通用的方式，都有其局限性。因而应该选择去探究细节的特定之处与来龙去脉，而不是探究概括性的规律；应注意差异，而非相似之处。现代主义关注的是事实与通则，而后现代主义关注的则是意义。由此，后现代疗法的咨询师们秉持着以下4个重要基本理念：①现实是社会建构出来的。②现实是经由语言构成的。③现实是以故事来组成并得以维持的。④没有绝对的真理。

后现代疗法的咨询师认为自我不是物，而是叙事活动，认为人生来便处于故事之中，这些故事塑造了他们看世界、看别人和看自己的方法，这些故事规定了经验的模式。人们生来便处于一个社会群体，这个社会群体中的人们正在讲述着各种各样的故事。如同科学理论可以将一些互不相关的现象联系起来一样，这些故事会为本来看似孤立的生活事件和经验提供一种"内在联系"。在这里，故事被当作是人们对自己的经验片段赋予其主观意义的过程，是人们生存的手段和途径。如果没有故事，人们的生活将会支离破碎，人们完整的自我也将不复存在。这些故事不仅仅是对自我的描述或象征，它们同时也是自我的具体化，就是自我本身。故事成了后现代疗法取向的心理学研究的根本隐喻。

后现代疗法的咨询师认为，人类活动和经历更多的是充满了"意义"的故事，而不是逻辑论点和法律条文，它是交流意义的工具。来访者在选择和述说其生命故事的时候，会维持故事主要的信息，符合故事的主题，往往会遗漏一些片段，为了找出这些遗漏的片段，咨询师会帮助来访者发展出双重故事。例如，来访者在后现代疗法中谈到他的"问题故事"，而咨询师会引导他说出另一个他自己不曾察觉的部分，进而帮助他自行找出问题的解决之道，而不是咨询师直接给予建议。也就是在咨询过程中唤起来访者生命中曾经活动过的、积极的东西，以增加其改变的内在能量。在后现代疗法中，咨询师最常问的一句话是："你是怎么办到的？"随后，会将焦点放在来访者曾努力过的，或者他内在的知识和力量之上，引导他走出自己的困境。

后现代疗法并非传统意义上的心理治疗方法或治疗技术的总称，它甚至不仅仅是一种心理治疗的理论，因而后现代疗法不可能有一种像认知疗法那样简明的操作规程。后现代疗法帮助人们打破具有束缚力量的叙事，即人们解释自己的生活经验时所依据的主要故事，发现生活中积极有益的经验，并将这些经验串联、扩展，最终在这些经验中生活。当处在冲突与痛苦之中时，人们往往对那些与痛苦无关的经验视而不见，后现代疗法就是要帮助人们发现除了当前的生活方式，还有其他的可能。如在后现代疗法中，以往经验的记忆不再被看作精神疾患的祸端，而是被看作希望、力量与选择的源泉。后现代疗法的咨询师认为自己并非什么专家，而是依靠专业知识，如心理学家的洞察力，来治疗来访者。咨询师是一个促进者，他帮助人们在倾诉与复述过程中发现生活中永远可能有更加丰富的故事。发现这些故事的途径除了来访者自己的倾诉与复述之外，还包括他们与咨询师或其他在自己生活中占有重要地位的人之间的对话。这种倾诉与复述能够帮助来访者改变对问题与自身之间的联系的理解，从而形成可以重新构建的、更佳的生活方式。

总之，后现代疗法是一种新颖的文化实践，它极大地扩展了心理治疗的范围，使得我们不得不将视野从精神病学转移到整个文化现象上来。在咨询过程中，关于社会与文化对心理问题的影响的讨论往往是很重要的一部分。

（二）咨询理论

后现代疗法的咨询目标是邀请来访者以一种新的语言来描述他们的经历。通过此种方法，来访者开启了可能发生的新情境。这种新语言会促使来访者从有问题的想法、感觉和行为中发现新的意义。后现代疗法经常提醒来访者，注意主流的文化的各个方面对人类生活的影响。后现代疗法的咨询师尽量强化这种观点，并促使来访者在发现以往有益的经验中创造出独特的新选择。

后现代疗法的咨询师秉承乐观主义、好奇心、坚持性，重视来访者的背景知识，创造一种真正的力量平等的特殊对话关系。合作、同情、反省和发现是这种咨询关系的特点。如果咨询关系真的是合作性的，咨询师就需要明白在自己的治疗过程中，力量是怎样体现出来的。这并不是意味着咨询师失去了专业人员的权威。

在后现代疗法看来，来访者经常在一个毫无作用的充满问题的故事里生活，并陷入其中不能自拔。咨询师进入对话之中，并通过提问来努力引出来访者的观点、资源和独特的经历。虽然过去已经成为历史，但它有时是提供理解和发现至关重要的差异和独特结果的基础。尽管咨询师会带来乐观的态度而且能促进咨询的进程，但需要来访者自身创造出新的可能性，并采取行动去实现它。

二、后现代疗法的策略和技术

后现代疗法涉及的方法和策略很多，如社会疗法、焦点解决短期治疗等。这里主要介绍当前影响力最大的几种疗法的主要策略和技术。

（一）叙事疗法

1.述说故事：重新诠释故事

后现代疗法主要是让来访者先讲出自己的生命故事，以此为主轴，再通过咨询师的重写，丰富故事内容。对一般人来说，说故事是为了向别人传达一件自身经历的或听来的、阅读来的事情。不过，心理学家认为，说故事可以改变自己。因为，我们可以在重新叙述自己的故事甚至只是重新叙述一个不是自己的故事中，发现新的角度，产生新的态度，从而产生新的重新建构的力量。简单地说，好的故事可以产生洞察力，或者使那些本来只是模模糊糊的感觉与生命力得以彰显出来，并被自我或我们所强烈地意识到。面对日常生活的困扰、平庸或是烦闷，把自己的人生、历史用不同的角度来"重新编排"，成为一个积极的、自己的故事，这样或许可以改变盲目与抑郁的心境。正如哲学家萨特所言：人类一直是一个说故事者，他总是活在他自身与他人的故事中，总是透过这些故事来看一切的事物，并且以好像在不断地重新述说这些故事的方式生活下去。① 因此可以说，故事创造一种世界观、一种人生价值。好的故事不仅可以治疗心理疾病和精神扭曲，而且可以使人从中寻找自信和认同，透过令人愉悦、感动的隐喻故事，我们可以重新找到面对烦恼的现实状况的方法，正视我们的过去，并且找到一个继续努力、正向未来发展的深层动机和强大动力。为了创造生活的意义，人面对着一项任务，那就是他必须安排自身经验的时间顺序，建立自己和周遭世界前后一致的一份记录。他必须把过去和现在，以及未来预期会发生的事件经验连成线性顺序，才能够建立这一份记录。这一份记录

---

① 萨特.萨特自述[M].苏斌等，译.石家庄：河北人民出版社，1988.

可以被称为"故事"或"自我叙事"。这个叙事如果成功，人对生活就会有连续感，觉得生活有意义。简单地说，若要创造生活的意义，表达我们自己，经验就必须"成为故事"。

后现代疗法的故事所引发的不是封闭的结论，而是开放的感想。有时在故事中还需要加入"重视他人"的角色，从中寻找新的意义与方向，让来访者能够清楚地看到自己的生命过程。例如，有一个寻求帮助的来访者，他觉得自己不受别人的重视并因此而感到挫折、沮丧、自卑，当他讲述自己的生命故事时，觉得一无是处。但咨询师要求他回忆过去生命中哪个人对他"还不错"时，原本脑中空白的来访者，勉强回忆起一个小学老师的名字。咨询师鼓励他打电话给老师，结果却得到一个"意外的惊喜"——这名教师虽然已经忘了他的姓名和长相，但还是向他连连道谢，并且表示，因为来访者的电话，他感受到自己的存在，对教学工作已经深感疲惫的他，又重新获得了动力。通电话的结果是：来访者不仅帮助了老师，也意识到自己的生命原来也这么重要。

2. 问题外化：将问题与人分开

后现代疗法的另一个特点是使问题外化，也就是将问题与人分开，把贴上标签的人还原，让问题是问题、人是人。如果问题被看成是和人一体的，要想改变相当困难，改变者与被改变者都会感到相当棘手。问题外化之后，问题和人分家，人的内在本质会被重新发现与认可，进而人有能力与能量去解决自己的问题。例如有位老师反映："对于一个成绩一直落后的学生，想尽办法鼓励，都没能让他有成就感，如何是好？如果采用进步奖励的方式，每次考试的难易标准不一，看不出进步；如果采用百分等级或排名，这个学生永远都在后面，该怎么办？"把成绩不好等同于学生不好，是把问题内化。怎样才能把问题外化？有的老师把问题与人拉开距离，采用多元智能的观点，找出学生在成绩以外的优势，在优势上予以鼓励。学生的自尊心一旦建立起来，成绩也就有可能慢慢提升到合理的位置。这就是把问题外化的思维方式。

外化一般采用以下 3 种方法：①客观化。将问题和来访者分开，使来访者有空间来审视问题和自己的关系。咨询师可以通过修饰来访者使用的语言，使问题客观化，例如，"他的误解为何让你感到难受？""内向是怎样让你无法和人形成朋友关系的？"②命名。在经过一段谈话后，咨询师可以请来访者对其描述的困扰或经验取个名字，例如，"和你谈了不少有关你在学校里的一些事情，不知道如果要你为你在学校里碰到的讨厌的事取个名字，你会叫它什么？"在咨询过程中，来访者的叙述仍不充分时，命名可能会有困难，此时可以以"它"或"这个困扰"来指称，等咨询较多时再请来访者命名比较合适。③拟人化。这是较具戏剧效果的方法，是将问题视为有生命的个体，它是有动机、有想法、有感受的东西，它会侵入来访者的生活领域、人际关系。例如，"冲动这家伙经常对你说些什么？""逃避这个坏东西似乎溜进了你的学校生活，你知道它有什么企图吗？"

3. 由薄到厚：形成积极有力的自我概念

一般来说，人的经验有上层经验和下层经验。上层经验大多是成功的经验，形成正向积极的自我认同；下层经验大多是挫折的经验，形成负面消极的自我认知。如果一个学生累积了比较多的积极自我认同感，凡事较有自信，就不太需要教师、父母多操心。相反，如果一个学生消极的自我认知远多于积极的自我认同，就会失去支撑其向上的力量，沉沦下去。后现代疗法的辅导方法，是在消极的自我认知中，寻找隐藏在其中的积极的自我认同。后现代疗法的策略有点像我国古老的太极图：在黑色的区域里隐藏着一个白点，这个白点不仔细看还看不到。其实白点和黑面是共生的。如果在人的内心，当白点由点扩大到一个面的程度，整个情形就会由量变到质变。找到白点之后，如何让白点扩大呢？后现代疗法的心理辅导采用的是"由单薄到丰厚"的策略。后现代疗法学者认为，来访者积极的心理有时会被自己压缩成薄片，甚至视而不见。如果将薄片还原，在意识层面加深自己的觉察，这样由薄而厚，就能形成积极有力的自我观念。

（二）焦点解决短期疗法

焦点解决短期治疗，是 20 世纪 80 年代由沙泽夫妇创立的一种后现代心理疗法。作为一种专业的介入，焦点解决的治疗流程与步骤清晰明了，且具有单次咨询的精神，即把每一次的咨询与治疗视为第一次也是最后一次，因此每一次的咨询构架都是一样的。整个焦点解决短期治疗的咨询次数可为一次或连续多次（平均为五次）。每次咨询的时间约为 60 分钟。每次咨询的整个过程大致可以分为三个阶段：建构解决的对话阶段；休息阶段；正向回馈阶段。第一阶段约为 40 分钟，其余两个阶段皆为 10 分钟。

1. 建构解决的对话阶段

这一阶段是会谈的主轴，所以我们称为建构解决的对话阶段。在对话的过程中，咨询师通过"建设性预设问句"所选取的方向、所使用的语言而产生的暗示和教育作用，试图影响来访者改变其认知，引导出正向解决问题的思考方式。因此，咨询的过程是注重"改变"的对话历程，在这一过程中，强调正向的、积极的、建设性的取向，则解决之道自然会被引出。

（1）准备阶段。在这个阶段中，咨询师与来访者寒暄，简单介绍咨询的流程。在工作者说明的同时，即引导来访者进入正向的、未来得及解决导向的会谈中。如果在休息阶段咨询师会使用工作小组的形式，亦需在此阶段让来访者知道。

（2）问题抱怨阶段。在这个阶段，咨询师以倾听、接纳、同理的态度，收集来访者的抱怨。然而，与其他学派不同，焦点解决学派强调这一过程聚焦于来访者已使用过的解决问题的行动，即肯定来访者已经做过的有效的事情。同时，咨询师除了反映来访者的感受之外，更会暗示事情是有其他可能性存在的，以企图化解来访者的负面感受，使来访者的目标从抱怨提升为希望改变。

（3）设定目标阶段。这一阶段，咨询师会协助来访者发展出具体可行的目标，且是来访者需要的目标，而非咨询师为来访者设定的目标。因为有了目标就会有改变的动力。这里所强调的具体可行的目标指的是正向的、具体的、一小步的、在来访者"可控"范围内的、实际可行的目标。目标的形成是咨询师与来访者合作的过程，可以使用奇迹式问句、循环式问句、排序、评量式问句等技巧。

（4）探寻解决方案阶段。一旦来访者设定了正向的目标，接着咨询师就会协助来访者探索自己的资源，以达到所求的目标。焦点解决疗法典型的做法将焦点集中在问题的细节上，运用例外式问句、奇迹式问句、评量式问句等引出例外及其解决问题的弹性，并开发来访者的内在资源，让来访者发现那时自己是如何做到的，从而引出解决之道。与此同时也暗示来访者，咨询师相信他们做得到，且他们早已开始做一些有益的尝试。

2.休息阶段

通常在第一阶段进行 40 分钟之后，咨询师会提醒来访者要休息 10 分钟，并稍后回来给予回馈。在来访者休息的时间里，咨询师会独自跳出咨询的情境，回顾这个对话历程并加以整理，或与协同小组中心成员进行讨论，而后回来提供给来访者一些回馈。休息阶段作为焦点解决学派治疗过程的一个整合的部分，这段暂停时间将使正向回馈更为聚焦、有组织及有方向性。

3.正向回馈阶段

焦点解决的治疗过程有着公式化的回馈。在休息阶段之后，咨询师将会用 10 分钟左右的时间给来访者一些回馈。回馈的内容包含给予赞美和肯定、提供讯息及布置家庭作业。

（1）给予赞美和肯定。赞美的意义在于赋能，通过咨询师对于来访者自身和其正向资源、能力的鼓励，使得来访者注意到自己原本存在但被忽视的内在力量，改变来访者的主观认知，从而提升来访者为自己负责的能力与意愿，进而鼓舞来访者能持续行动以寻求改变。

（2）提供讯息。讯息的提供，可能是专家的观点或理论，也可能是来访者目前正在做而且有效的行动，或是其他一些想法。其目的在于将来访者的问题一般化，或是对问题提供不同的意义和观点，同时提供形成家庭作业的脉络。

（3）布置家庭作业。家庭作业就是来访者在下次会谈前必须完成的作业或任务，旨在巩固治疗效果、增强改变信心、实现预定目标。

第四章　心理障碍与心理健康

心理障碍是心理的特殊表现，又常被称为心理或行为异常。在传统概念中，心理障碍包括精神病、神经症、人格障碍和精神发育迟滞，也包括常见的情绪障碍，如焦虑障碍和应激相关障碍。心理障碍既是心理健康方面的典型的异常现象，又是健康心理学研究目标之一，因为要维护一个人的心理健康，就应该明确防治心理障碍，才能真正促进心理健康。

但是，需要明确的一点是，从心理健康到心理障碍不能简单地理解为病与非病的区别，也不能简单地认为某人一旦被医生判断为患有某种心理障碍就不属于健康人了，因为即使一个人患有某种类型的心理障碍，也只能说他是某一方面的心理活动出现了异常，不代表他所有的心理活动全部出现了障碍。而且，通过心理咨询、心理治疗或心理学的专业人员的其他治疗，其异常的心理活动是可以转化为正常的心理活动的。

第一节　大学生常见情绪与情感问题

一、大学生情绪情感特点及常见问题

社会迅猛发展，经济高速增长，且信息发达，物质丰富，大学生也承受着各种观念的冲击。处于这样一个时代的大学生，其情绪情感无疑更加

多元和复杂。

（一）大学生情绪情感特点

1. 丰富性和复杂性

无论是初入大学的新生，还是即将毕业的大学生，其生理都是处于青年期，生理成熟，在内分泌的生理作用下，其内心敏感、丰富、细腻、变化微妙，甚至难以言表。而时代的变革或变化、各种思潮的冲击和影响，又会使大学生产生困惑或迷茫。对于一种新事物的产生，各个年龄的人必然会产生不同的观点，同时各个不同职业、不同阶层的人也会有不同的看法，历史也会做出不同的选择。以上所有这些外部环境的变化，都会对大学生的态度和情感产生多方面的影响。

大学生要接受高等教育，在此期间要完成其人生重要的学业部分——专业的学习和训练，同时，要处理更为复杂的人际关系问题，还可能会遇到喜欢的异性，由此构成了青年大学生的丰富而复杂的情绪与情感。

2. 不稳定性

由于大学生心理发展尚不够成熟，社会经验不足，对容易出现引起情绪反应的生活刺激事件的刺激阈偏低，某次考试、别人的一句玩笑话、偶然出现的身体不适、一直隐隐担心的认为是缺陷的形象问题（例如雀斑、矮胖），都会影响心理稳定，有时甚至会产生较为强烈的情绪波动。另外一个重要的原因是，由于过去学校心理健康教育相对薄弱，在中小学阶段，大多同学未能深入接受心理健康教育，不知道如何应对和排解不良情绪，使大学生一旦遇到不如意事件时容易产生较为强烈的不良情绪，而控制情绪的训练不足的后果也导致大学生容易冲动，有焦虑、急躁、悲观、失落等表现。

（二）大学生的情绪情感常见问题

1. 自卑

自卑是自我评价过低、对自己的能力持怀疑和否定的态度和情绪。自卑的表现多种多样，有人对自己的身体表现得不自信，如自认为的某种生理缺陷（认为自己长得丑、矮、胖、黑，眼睛小、鼻子大，腰粗，跑得慢，声音不好听，等等）。或者自认为某种生理暗疾，如失眠、盗汗、月经不调等，由此认为自己天生不如别人。也有些同学表现在心理、社会能力方面，如不会与人交往，害羞、胆怯、恐惧、容易紧张甚至焦虑等等。或者自认为自己的学习能力较弱，没有什么特长，不愿与人沟通，产生畏难情绪和逃避行为。甚至有人由此产生孤僻、多疑、偏执、消沉等各种烦恼。

2. 忌妒

普通的忌妒表现为对别人有超过自己的成绩、荣誉或赞誉、奖励、机遇等产生的内心消极、抵触和痛苦、愤怒等不良情绪。

产生忌妒的原因是多方面的，一个人的成长和接受教养的环境，是否学习和接受过自我处理不良情绪的训练和如何去学习和欣赏别人的优点和长处，与比自己优秀的人相处的方法和技巧的学习，学习如何去赞美别人、愉悦自己、发展自己，都与之有非常重要的相关性，如若不然，心胸狭窄、扭曲，习惯于在发现别人比自己强时要么恶语中伤，要么夜郎自大，在别人不如自己或失败时幸灾乐祸，甚至还自认为这是有上进心、进取心的表现，而实际上只能可悲地表现出心胸狭窄、世界观的歪曲，朋友也会疏远。

忌妒在心理健康方面造成的损害尤其大，心理失衡造成的不平、难过会产生烦躁、痛苦、不安，继而会出现对忌妒对象的不满和愤恨。忌妒者将别人的幸福和自己的不幸联系起来，形成加倍的痛苦。而且，聪明和有才华的人由于忌妒，不但自己的才华得不到施展，反而比别人更加痛苦。《三国演义》中的周瑜，才华出众，本可以大展宏图，不料却被小小的忌妒心理取了性命。因此，嫉妒之心害人不浅。

3. 愤怒

一个人产生愤怒，大多是因为遇到自己认为不应有的挫折或打击，如个人尊严受到挑战、名誉受到玷污、生存遇到危机等情况。当然，根据心理学的研究，个人的气质类型、性格、生活经验、处理事务或矛盾的技巧等也是影响愤怒产生的重要因素。年轻人生活阅历少，同时又年轻气盛，难免遇事容易冲动，克制不住自我。但脆弱的自尊与较差的沟通能力相结合，再加上对别人的尊重、理解、包容度尚未修炼到相应的程度时，对于不公正待遇以及形形色色的矛盾冲突的突然降临，事到临头时，脑子一热，就容易冲动。

二、焦虑、抑郁及其他

（一）焦虑

消除焦虑是理所当然的。但是焦虑又似乎和我们如影随形。医学心理学认为，焦虑和焦虑症是不同的。在心理学或医学家的"词典"里也不是完完全全没有焦虑。适度的焦虑是每个人在生活中都会遇到的。例如考试、期待某一重大时刻的时候、羞耻或处于某些特殊场合等等，都会有焦虑感。

但这些焦虑是有益的，它能激发我们的活力，促使我们去探索，引导我们向往美好，对抗不应有的冷漠。适度焦虑在社会进步、文化发展、人与人和谐相处以及人的心理成长和成熟方面都扮演着重要的角色，因此，适度的焦虑是有益的。但是从健康心理学的角度来说，焦虑必须适可而止，过度的焦虑是有害的，甚至会严重危害健康。心理学家对焦虑症的特点的描述如下：

1. 焦虑表现是突出的、强烈的或持久的，是与处境不相称的不安和痛苦体验，典型的焦虑症表现为一种没有明确对象或缘由的提心吊胆及惶恐不安，心理学上也称无名焦虑。

2. 伴有精神运动性不安，即这种焦虑不安多伴有运动性表现，如坐立不安、来回走动、肢体的震颤或抖动等。

3. 伴有躯体不适的自主神经功能症状，如出汗、口干、心慌气短、胸闷、心悸、尿频尿急等。

焦虑症的症状可以是急性的、突发的、呈发作式的，也可以是慢性的、持续的、长期存在的表现。在医学心理学中被称为急性焦虑发作和慢性焦虑发作。当然，还有心理学家根据自己的研究，所列出的对于焦虑的分析和论述，例如弗洛伊德就曾将焦虑分为"客体性焦虑""神经性焦虑""道德性焦虑"，还有哲学家对焦虑从哲学的角度进行过深刻的论述。

（二）抑郁

抑郁是一种悲伤或低落的不良情绪，通常所说的烦闷、郁闷、伤心、伤感、难过等都是和抑郁相关的不良情绪。但是从健康心理学的角度来说，即便一个人是非常健康的，也不能在其生活的所有时间里都保持阳光灿烂。不过，生活中常见的忧愁和悲伤、郁闷只要还在可控的范围之内一般并不会构成健康威胁，可以自行排解或转化，也不需要外界干预或专业人员的帮助。当然一个人的心理调节能力和对于外界挫折或打击的承受能力是不同的，这和个人的文化修养、心理品质、个人信念或自信、自我情绪的管理能力水平相关。在这方面，每一个人都需要坚持去学习和培养。可是，假如一个人心理活动的耐受力不强，同时又经受了较大的挫折或压力，就有可能出现心理失衡或者抑郁性反应。另外，还有一些情况是，遇到的是常见的或较为一般的心理打击或挫折，而出现了较为严重或明显的抑郁情绪，就属于较差的心理表现。有些大学生自幼受到了较多的爱护和保护，或者接受的是"只要学习好一切都好"的单一形式的教育，缺乏对社会生活的了解，对别人缺乏理解包容，对个人心理缺乏认识，对如何处理人际矛盾和如何应对心理挫折缺乏心理准备和锻炼，一旦出现一些坎坷就会产生较为强烈的心理反应或抑郁情绪，这也是意料之中的。

如何识别抑郁障碍呢？首先，是抑郁的反应和其所遇到的境遇或困境不相称，抑郁反应太过明显或超过了通常应当缓解改善的时间，表现为悲观、抑郁、愁闷不能改善，也可能伴有失眠、伤感和心情低落。抑郁可以逐步加重，渐次会出现自责、自我评价过低，认为前途渺茫，对生活的兴趣下降。进一步发展还可能有懒言少语、注意力下降、思考困难、躯体不适感增加等情况，严重时会有厌世轻生的观念。

抑郁属于对心理健康危害较为明显的一类情绪情感障碍，无论是大学生、学校教师还是辅导员、学校心理教师等都应当予以重视，不可等闲视之。

除焦虑、抑郁外，还有一些其他不良情绪或情感的情况要予以关注。

例如兴奋，尤其是过度的兴奋、情绪过度高涨、不知疲倦，甚至凌晨即起、挥霍钱财、做事虎头蛇尾等；或者过于敏感、易怒、偏执、容易与人发生矛盾；或者情绪忽高忽低，高兴起来喜形于色，悲伤起来闷闷不乐甚至痛苦不堪。这些不良情绪或情感无法摆脱，家人、同学、朋友劝说无效或虽有效但效果微乎其微，这时就应当提高警惕，必要时要请专业的心理老师或精神科医师给予诊断。

三、情绪管理

情绪管理是心理学应用在企业工商管理（MBA，Master of Business Administration、EMBA，Executive Master of Business Administration）领域的典型代表，是近些年随着 MBA 发展、丰富以后，将心理学融入其理论课程中成为必修课程之一的结果。

情绪管理的基础是情商（Emotional Quotient，简称 EQ），情商对应的是智商（Intelligence Quotient，简称 IQ），主要包括了解自身情绪、管理情绪、自我激励、识别他人情绪和处理人际关系五个方面。美国科学促进协会研究员丹尼尔·戈尔曼指出，提高情商是把不能控制的情绪变为可控制的情绪，从而增强理解他人及与他人相处的能力。戈尔曼认为情商是领导力的重要组成部分。现代最新的研究显示，一个人的成功，20% 归功于智商，而 80% 则取决于情商。可见，情商是决定人成功与否的关键。

情商是可以通过课程学习和训练提高的，先天的差异反而不大，而青春期和青年期正是学习训练的关键期。学生时期既面临学习压力，又面临心理、生理的种种变化，极易产生各种心理失衡和复杂的心理矛盾。常见的问题，如厌学、叛逆、考试焦虑、与同学关系紧张等等，都会导致情绪困扰，究其原因，既有外界环境因素，又与情商和情绪管理的学习、训练息息相关。

情绪管理是指通过研究个体和群体对自身情绪和他人情绪的认识、协调、引导、互动和控制，充分挖掘和培植个体和群体的情商，培养驾驭情绪的能力，从而保持个体或群体的良好情绪状态，并产生良好的管理效果。具体做法包括认知调适、合理宣泄、积极防御、理智控制、及时求助等。这种理论认为，不良情绪虽然不能被完全消除，但可以进行有效疏导、有效管理、适度控制。

情绪可以简单地分为积极情绪和消极情绪，情绪引发的行为也有好坏之分，所以情绪管理不是消灭消极情绪，也不可能完全消除消极情绪，而是管理消极情绪，疏导消极情绪，将消极情绪转化为合理情绪，这是情绪管理的基本范畴和作用。

情绪管理的具体做法所依据的理论和方法很多，主要介绍下面几种：

（一）接受现实，顺应自然

在中国古代哲学思想中就含有许多崇尚自然、敬畏自然、顺应自然的谚语，如"知足常乐""塞翁失马，焉知非福""好事多磨""坏事变好事"等等，都是古人在这方面的智慧结晶，是古代人们应用辩证的哲学方法来进行自我情绪管理、保持乐观心态的，长期实践以后总结的人生经验，对于摆脱烦恼、总结经验、自我激励都很有用处。

（二）心理防御方法应用

自从弗洛伊德提出心理防御机制以后，心理学家对心理防御机制的研究就不仅限于病人，其在情绪管理方面的应用和分析对人们的帮助也很大。例如，否认（又称拒绝），当一个妇人在丈夫去世很久以后仍然不愿意承认其不在人世的事实，每天吃饭时仍然摆上他的碗筷，在家整理好丈夫的衣服和鞋子，和别人交谈中也称丈夫只是外出公干而不是死了。尽管她生活和交往中的其他方面都正常，没有问题，但她不愿面对事实的非客观态度，却引起了周围亲友想要试图去纠正她的强烈愿望。心理学对此的解读是虽然来访者是从客观上否认和逃避现实，不愿面对，但在另一方面，其心理上所承受的痛苦却也能够由此得到缓解或暂时摆脱。这就是心理防御机制应用的一种。

还有一种是升华，这是当一个人遭遇挫折或打击而导致其重要的情感或人生目标无法实现时会采用的一种更加高尚、合理、有益超脱的方式去应对的心理防御机制。例如，一个人失恋以后，强忍痛苦，刻苦学习、工作，反而使其成就了一番事业；对于误解或伤害过自己的人以德报怨、不计前嫌，最后成就了一段佳话，如中国古代的《将相和》、大文豪歌德因失恋而创作出《少年维特之烦恼》，都是很好的例证。

（三）宣泄或替代

不良情绪是可以通过宣泄得到缓解的，但宣泄的时机、对象、方法的选择同样非常重要。

有人稍有不顺就吵闹，这显然是"失度"的，也有人宣泄"失时"，即在不恰当的时候，不分场合、环境进行不恰当宣泄。用不恰当的方式或利用不恰当的物品发泄，也会有不良后果。如我们看到媒体报道，有人因航班延误，大怒之下砸坏机场的公共设施，最后被警方带走，接受教育，处罚并赔偿相应损失。

合理的宣泄包括找人倾诉、表达不满或相应情绪，参加某些体育运动等。

（四）适当的表达方式

学会适当的表达方式属情绪管理的重要方式之一，如果不能以适当的方式表达，常常会形成无效沟通，自己的心情、感受、观点，对方不能很好地理解，甚至可能传递错误的信息，造成不良气氛，矛盾非但不能解决，还可能加重，最后不欢而散。例如，妈妈常常批评责备儿子："你看你，就不能认真点儿吗？瞧这儿弄得乱七八糟的，还净是弄错的！"儿子听后不服气，反驳道："你来弄还不如我呢！"而妈妈如果换一种表达方式，说："哎呀，这么乱，弄得还不对，看来不好弄啊，真让人着急呀！"产生矛盾的概率就会小很多。换言之，不良情绪会因为较为恰当的交流得到有效管理和控制，发生不良情绪的概率也会小多了。合理和适当的表达方式是要学习和训练的，掌握适当的表达方式无疑会提高情绪管理水平。

（五）其他

其他情绪管理方式包括理性情绪疗法的应用、学会识别他人情绪的方法、学会处理人际关系的技巧等等。理性情绪疗法简称 REBT（Rational-emotive therapy，简称 REBT），是由美国心理学家阿尔伯特·艾利斯于 20 世纪 50 年代创立的理论。合理情绪疗法的理论核心认为一个人所产生的情绪并不能单纯地认为是由于其环境或所遇到的事件引起的，主要起决定作用的是个体对这一诱发事件的认知和评价，这又被称为"ABC理论"，即A指诱发事件，B指个体遇到事件后产生的相应的由于其信念而衍生的想法和评价，C指个体针对这一事件所产生的情绪及行为结果。所以，理性情绪疗法的理论认为，一个人之所以产生不良情绪并不一定和其所遭遇的事件的大小、糟糕程度直接相关，主要和个体对其事件的认知、信念、评价有关。例如，同样一件挫折性事件，对于甲不构成产生不良情绪的条件，而对于乙则会产生明显的不良情绪，这主要是由于乙所持有的不合理信念及对事件的评价所产生的，而不合理信念经艾利斯总结归纳为三类，即"绝对化""过分概括化""糟糕至极"。例如考试失利，除重大考试以外，一般均不会构成对个人的严重影响，但对于有绝对化观念的人来说，就可能因其"因为我是优秀的学生，即使是一次普通考试也不应该考得不好"的信念作用，致其不能接受这样一个结果，从而产生明显的负性情绪。

应用理性情绪疗法，需要在学习和理解其理论的基本原理之后，学习分析自己产生负性情绪的原因，学会认识和纠正非理性信念，最后通过重新建立的理性信念达到纠正负性情绪为正性情绪的目的。一般来讲，个人学习掌握以上理论和方法会有一定的困难，常常需要心理老师、心理辅导员或心理咨询师的帮助。另外，学会识别他人的情绪，学会处理人际关系，也是情绪管理中很重要的方面。现代社会的发展，人们更加重视个人把控自己的能力、与人合作处理人际关系的能力。也就是人们越来越多地研究情绪管理，并将其与一个人的基本能力和可发展、培养的潜在的领导能力结合起来看待了。

第二节　常见心理障碍类型

心理障碍是心理的特殊表现，是指心理变态或行为异常，或是指心理与行为显著偏离正常。按照医学心理学的概念，心理障碍包括精神病、神经症、人格障碍和精神发育迟滞，也包括某些情绪障碍，如焦虑障碍、应激相关障碍等。除其他章节已经介绍的以外，本节介绍一些常见的心理障碍。

一、恐怖症（恐惧症）

一般来讲，正常人对某些事物或情境也会有恐惧，如毒蛇猛兽、可怕的环境等等，这种恐惧非但不应称为异常，而且还对人有益，它可以保护人类自身，规避危险。而恐怖症则是对某些客体或处境有过于强烈的恐惧，即恐惧的程度与实际处境所面临的实际危险不相称，自己也知道这种恐惧过分或不必要，但又不能克制。而且这种恐惧不是偶然的，而是持续存在、干扰到正常生活和社会活动的症状。常见类型有如下几种：

（一）场所恐惧

青年多发，多在 20~35 岁，女性多于男性，主要的恐惧对象为特定的场所或环境，如广场，高楼，拥挤的商场、剧场、车站，甚至是公共交通工具、密闭的电梯等。患者由于过于担心恐惧发作而会尽量回避，但不得不面对这些场景时则会出现心慌、出汗、气喘、焦虑甚至多种自主神经性反应的症状，严重时伴有多种神经异常。

（二）社交恐惧

这也是青少年易发生的一类心理障碍，主要是害怕与人交往，有些人特别羞于看到异性或与异性相处，尤其担心和害怕与对方目光相遇或被别人注视。对于自己可能出现的不自然的态度和行为极为敏感，害怕自己脸红、言行举止不得体。自知不应该但无法克服，严重时出现回避行为，如不参加聚会、不在公共场合讲话、尽量不参加会议。不仅娱乐活动会大受限制，过于严重者会将恐惧对象泛化到熟人，如兄弟姐妹、好友、邻居、父母、公婆（岳父母）、配偶，生活会因此受到严重影响，且周围的人大多不能理解。

（三）特殊恐惧（单一恐惧）

这种类型恐惧的主要是特定对象，如有的人害怕小动物，如猫、狗、青蛙、鼠、鸟、蛇等，或是某些物品，多见于害怕尖锐物品，如刀、剑，尤其是带有血迹的这类物品，或者是某些特定的情境，如电闪雷鸣、风雨交加、波浪汹涌的海面。患者明知这些恐惧不合理，但仍然不能自制，致使生活受到影响，不过一般只要不遇到这些特殊场景，恐惧障碍的特征就不会表现出来。

二、强迫症

在生活中，其实很多人都可能会有做事求完美或希望增强确定感的情况，但大多数人同时也会根据客观实际适可而止，并不会去追求极端化。例如学习时做题或者考试，虽然都会希望100%正确，但也不会太苛求自己。但如果某人特别情绪化地追求这种极端的、绝对化的目标时，则会因为理想和现实的差距而烦恼不已。以上这些体现在心理障碍的类型上，就可以表现为强迫症。强迫症的症状特征是有意识的自我强迫和反强迫并存，两者在心理上的强烈冲突使其焦虑和痛苦。明知这种强迫观念或行为冲动来源于自己，但又违反自己对现实的认识和行为意愿，自己虽极力抵抗，但仍无法控制和摆脱，其社会活动功能会严重受损。症状表现主要分为强迫观念与强迫行为两类。

（一）强迫观念

1.强迫思维。患者经常在头脑中出现一些自认为是不好的、不祥的、厌恶的字、词或短语，越是不想让它出现，越是控制不住。

2.强迫性穷思竭虑。这类患者头脑中时常出现的是一些没有意义的或早有答案的问题。例如"地球为什么被称为行星？""猫为什么不能叫作狗？"

3.强迫怀疑。患者的怀疑主要集中在对自己做过的事情上，例如是否是锁好了门？煤气开关是否关了？账目是否正确无误？交给老师的作业是否全部改正错误了……以致要多次反复检查、核对。

4.强迫回忆。与强迫怀疑类似，表现为反复回忆和验证自己经历过的事情，对某些事物、人物等的记忆是否正确，如不能正确回忆，则十分痛苦。

（二）强迫行为

1.强迫检查。如反复检查电源、煤气开关、门窗、账目、重要物品等等。明知已经检查过若干遍了，但仍不能停下来。

2.强迫洗涤。由于担心被不洁物污染或沾染病毒、细菌等而长时间反复清洗衣物、床单，洗手，对某些物品如门把手等反复用消毒剂消毒，等等，自知没有必要，但控制不住。

3.强迫询问。由于不能相信自己，患者表现为需要反复询问他人，要求其予以保证、解释、说明、安慰，以此获得心理焦虑的缓解。

除了以上表现以外，强迫症患者还有一些特别的表现，如强迫联想、强迫意向、强迫计数、强迫缓慢、强迫性仪式动作等等。

三、精神分裂症及其他妄想性障碍

如果一个人不是一般的心情不好，或担心害怕等，而是对现实缺乏认识检验能力，对自己也由于精神异常而不能正确自知或自省，可能就成了另一类精神障碍的患者，这一类就是精神分裂症或妄想性精神障碍。

在这一类病症当中，有精神分裂症、偏执型精神障碍和急性短暂性精神障碍。对这一类心理疾病（精神疾病）的认识是伴随着心理学和精神医学的发展而逐步深入的。19 世纪时，德国精神科医生克雷佩林开始对这一类精神疾病进行研究和分析。之后一直到深受弗洛伊德心理学影响的布鲁勒，最终确定其以"精神分裂症"命名。目前，研究认为，这类疾病与外界的环境及精神刺激没有一定的因果关系，仍属病因不明的特殊精神疾病，且症状表现多种多样，有的意识清晰，智能尚好，有的类型有认知功能损害。大多青壮年时期起病，慢性病程明显，其表现有感知觉障碍、思维障碍及情感不协调，如幻觉、妄想等等。

（一）偏执型精神分裂症

此类型最常见，以幻听等幻觉及关系妄想、被害妄想等妄想症状为主要症状。

（二）紧张型精神分裂症

这种类型以明显的精神运动性症状为主，可以单一地或交替地出现紧张及兴奋型症状,典型的可以表现为行为违拗或紧张综合征。

(三)青春型精神分裂症

此类型的发病者多为急性发作的青少年,主要表现为情感及行为紊乱,甚至幻觉和妄想。

(四)单纯型精神分裂症

此类起病慢,多容易被人忽视,表现多有懒散、孤僻、退缩、情感淡漠、思维贫乏,往往也是治疗效果不好的一种类型。

除了精神分裂症以外,在此类疾病中,还有两种类型的病症,偏执型精神障碍也是常见类型之一,主要表现为固执、敏感、猜疑以致妄想。例如,一未婚女性坚持认为某男明星通过表演及网络发言暗示对自己的爱意,其社会地位、名气,甚至妻室、家庭都不能动摇对自己的爱,而且声称只有自己才能给对方真正的幸福。

另外一个类型是短暂性精神障碍,发病多与某种生理因素有关,如疲劳、缺氧、缺乏营养和水分、精神应激等,有精神异常的急性症状,休息或生理状况改善后,精神异常症状大多可缓解。

无论是神经症还是精神病性障碍,因都属于精神异常,所以最终都需要精神科专科医师来予以诊断、治疗,不可自行简单处置。如果学生在学校中发现或怀疑自己或他人有类似心理障碍的可能,则应及时报告老师或相关领导,由老师或学校领导指导处理,在有条件的情况下,可以请心理科或精神科医师予以甄别、诊治。

第三节　心理健康问题

除心理障碍或称精神异常的各类精神病态以外，在正常状态下，心理活动也不完全都是在健康状态之下进行的，也就是说在心理正常状态下，也存在一些心理健康问题，我们称之为"心理不健康状态"或"心理健康问题"。常见的有一般心理问题、严重心理问题。

一、一般心理问题

根据健康心理学的研究和分类，一般心理问题有四个方面的特征：

（1）一般心理问题由生活、学习、交往等方面的矛盾、压力、挫折或打击而引起，以致产生心理矛盾、痛苦、冲突及情绪不良和相应的心理损害，如烦恼、懊丧、苦闷、痛悔、自责等等。

（2）这种不良情绪或心理不健康状况可能在持续一段时间后，未能自行化解或改善，一般以持续一个月或间断地持续两个月为限。

（3）这种心理的不健康状况基本上是可控的，即来访者能够不失态，在工作、学习、交往中能够保持理智，且工作学习效率虽有一定的下降，但个人能够体会和认识。

（4）不良情绪仍局限于事件本身，对其他无关的人、事没有相应的影响。

二、严重心理问题

与一般心理问题相对应的也有四个方面：

（1）引起心理问题的"事件"或原因较为强烈，属于对个人生活威胁较大的生活事件或刺激，其心理矛盾或痛苦虽未脱离现实，但相对一般心理问题而言，较为严重，如悔恨、悲观、委屈、恼怒、失落、哀痛等。

（2）心理痛苦的持续时间通常为两个月以上、半年以下。

（3）在很多时候，都存在在遭遇"事件"或精神挫折时有较为明显的心理损害或反应，并可能伴有短暂的失去理智的言行。虽然随着时间的推移，痛苦有所减弱，但生活、学习、社会交往还是会受到较为明显的影响，尽管每个人的程度不同，但多数均需要他人施以援手，给予帮助或"干预"。

（4）痛苦或不良情绪有所发展，已不仅限于最初的刺激事件，与最初刺激的"生活事件"相关联的刺激也可以引起痛苦的心理反应，在心理学上称为"泛化"。

综上所述，无论是一般心理问题还是严重心理问题，都没有发展到心理障碍的层面，大多可以经过心理调整、劝说、疏解等得到改善或缓解。如果较为明显或严重，对生活学习造成了较明显的不良影响，则需要给予帮助，这时父母、亲友、同学、老师的帮助都会起到一定的作用，如果效果不好，应该考虑寻求专业的心理老师、心理咨询师或心理专家，甚至心理医生、精神科医师的帮助。

第五章 人文素养基础理论

第一节 大学生人文教育导论

一、人文教育的起源与发展

"人文"就是人类文化的简称，是人站在自身或者其他角度，用自己或别人提出的方法对世界已知或未知存在的客观事物或现象进行理性思考而总结出的符合世界发展规律的、又能被大众接受的属于个人主观性的知识点。

人文是一个动态的发展概念。随着社会和科技的进步，其内涵和外延在不断丰富。"人类社会的各种文化现象"就是人文，这是《辞海》的表述。人类或民族或种群所具有的共同符号、规范和价值取向就是文化。而文化的核心是价值观，主要内容包括习惯、道德、法律规范等。无论是在西方还是在东方，无论是在中国还是在外国，人文作为人类文化的一种基因，作为一种朴素的习惯和意识，可谓源远流长。人文作为社会潮流、普遍文化，成为更多人共同具有且发展为稳定的价值观及规范，是在我国春秋时代。傅斯年先生曾经指出：春秋时，人道主义固以发达。"人文"一词最早出现在《周易》"贲"卦（六十四卦之一），"文明以止，人文也"，指修饰，修饰出美，故曰"美在其中"。

人文在 12 世纪时通过阿拉伯人传到西西里的罗杰二世与英格兰的亨利二世的朝廷，15~16 世纪文艺复兴时期得以昌明，法国启蒙运动时期得以形成，在马克思、尼采、罗素时期得以反思，在现代时期得以飞跃发展。联合国在人文发展期发表的两个人权宣言是人文法制化、国际化的标志，马斯洛提出的需求层次理论和个人自我价值实现的论点，成为现代人文思想杰出的代表，推动其达到巅峰之境。

伴随着历史进程，人类社会已经发生了深刻变化。人文革命——文艺复兴运动，科技革命——近代科学相继诞生，并由此出现两大观念：一是人文观念——尊重人。二是科学观念——尊重规律。随后而来的是始于蒸汽机时代、到电气时代直至电子时代共三个阶段的工业革命，人类社会更是因此而发生巨变。

人类社会在 20 世纪又发生了以信息化、知识化、民主化、全球化为标志的一场新革命。社会本身和人的社会地位都发生了根本性改变。人的角色从过去的"工具人"和"经济人"发展到当今社会的"社会人"和"文化人"，个人价值不仅得到充分承认，而且人和人之间相互沟通与相互认同也能够顺利实现。

人文是一种思想和观念，但同时人文也是一种制度和法律。人文思想是建立人文制度的理论基础，人文制度又是人文思想得以实现的制度化和法律化之保证。人权观念的诞生以及人权的法制化、人权法的国际化、全球化，是人文真正确立的标志，是人文思想得以实现的根本保证。由人民出版社出版的《童子问易》强调:"《易经》讲，物杂成'文'，乾道变'化'。

阴阳矛盾相博弈的表现无非就是'文'与'化'，世界各国的最终较量也在于文化。我们要重新赢得世界尊重，还须依靠悠久灿烂的文化传统。"[①]

人文教育是指教育者对受教育者所进行的一系列实践活动和意识活动，进行一种"目的在于促进人性境界提升、理想人格塑造以及个人与社会价值实现的教育"，人性教育是人文教育的根本，人文精神的涵养是人文教育的核心。人文教育迄今为止并没有一个确定且公认的含义，而通常认为有以下几种含义：一是人文主义教育，二是人文学科教育，三是关于"成人"教育。人文教育的基本内涵被多数研究者定位于关于"成人"的教育，即第三种。稍加注意就会发现：人文文化和科学文化具有统一性。树立和培养人是教育的根本出发点，并应在价值观念方面确立人本位与社会本位的辩证统一，注重基础性教育和专业性教育的融合一体性，而非排斥分离性，在此基础上如果吸收前两种人文教育所表达的基本精神，那么人文教育被界定为成人教育之观点就彰显其高度了。人性教育是人文教育的核心，人文教育的核心是涵养人文精神，需要通过文化知识滋养、文化氛围陶冶、文化传统熏陶和人生实践体悟等多种途径来逐步实现，不但需要重视由外至内的文化养成，而且需要心灵觉醒和强调自我体悟，要求理解和重视人生意义，并以"老吾老、幼吾幼"的精神关爱他人、关爱社会。

人文教育的本质乃是弘扬人性，是以人文精神为价值取向的教育。加强大学生的人文教育，提升大学生的人文素质，已经成为我国高等教育面临的迫切任务。为此，我们必须大力健全高校的人文教育课程体系，强化教师的人文素养提升，全方位地重视校园文化建设。

---

① 任国杰.童子问《易》[M].北京：人民出版社，2013.

二、人文教育内涵及大学生接受人文教育的主要途径

（一）人文教育内涵

"人文教育"是当今教育理论界应用比较普遍的一个专业术语，尤其是20世纪90年代以来，"人文教育"一词的使用变得相当广泛。然而，对于人文教育的内涵，国内外学术界并没有一个严格统一的界定。笔者通过对人文教育历史发展和演进进行概括研究，认为人文教育的本质乃是弘扬人性、以人文精神为价值取向的教育。它以对学生主体性的尊重为前提，以个人潜能的最大发展为目标，以发展学生正确处理本我和自我关系、人己关系、物我关系的能力为目的，指导学生的行为朝着合人道、合规律、合人类共同利益的方向发展。

（二）大学生接受人文教育的主要途径

1. 人文课程

人文课程主要包括政治类公共必修课程和人文类选修课程。政治类公共必修课作为人文教育、通识教育的主阵地，无论是培养"通才"还是"专才"，其所能发挥的巨大作用都是毋庸置疑的。选修课作为人文教育一个重要的补充方面，以提供丰富多样的课程来增强学生选择的灵活性与自主性，充分激发学生的学习潜能，以促进学生全面且富有个性地成长。

2. 教师的人文关怀及知识传授

在人文理念真正走入学生心灵，影响学生为人处事的教育过程中，教师发挥着巨大的作用，其言谈举止、学术素养等都会潜移默化地影响学生积极价值观的形成。影响教师对学生进行人文教育的主要因素有：教师本

人的人文素养、专业课上人文知识的传授和师生互动交流中的人文教育。

3.校园文化环境

校园文化环境潜移默化地影响着大学生人文知识的积累、人文素养的形成及人文精神的培养，健康高雅的文化环境对于大学生的成长、成才起着不可低估的催化作用。高校校园文化的主要载体有：图书馆、人文知识讲座、社团活动、社会实践和宣传教育媒体等。

三、大学生人文教育现状及需求调查

（一）大学生人文教育现状

为了适应我国改革开放和社会发展对高素质人才的需求，加强大学生人文教育，提高大学生的人文素质，已经成为我国高等教育面临的迫切任务。

自1995年以来，高校开始逐渐重视并实施人文教育，高等教育中专业教育过窄、人文教育过弱的现象得到了一定改善。但是，高等教育中"重理工、轻人文"的倾向仍然存在；大学校园中商业气息屏蔽人文氛围的现象比比皆是；大学生信仰危机和价值观的迷失也非常普遍。目前各高校虽然对于人文教育的重要性有了一定认识，但在落实中却存在诸多问题：高校领导、教师和学生对人文教育的理解不到位，课程体系不够规范，学生及教师素养还需提高等。在人文教育的推进过程中，教育管理者应该考虑学生到底需要什么样的教育模式。

（二）对大学生人文教育需求的调查研究

本研究以综合性大学——兰州大学的在校本科生为调查对象，选取19个专业的300名学生，采用问卷调查法和访谈法进行抽样研究，旨在从大学生对人文教育的不同需求中，描述这一群体需求现状的主要特征，进而针对其需求与受教育现状间的矛盾，对大学人文教育提出建设性的建议和对策。

（三）对人文类课程的需求

1. 政治类公共必修课程

多数学生认为该类必修课知识体系较完善，能够发挥人文教育主渠道的作用。但课堂教学质量有待提高、课程体系结构有待进一步完善。被调查学生普遍对艺术、文学、历史学类的课程兴趣较高，认为有必要增设"大学语文课程"作为公共必修课。

2. 人文类选修课

多数学生认为现有的人文类选修课在教学质量、课程种类等方面不能较好满足他们的需求，希望能够增加文、史、哲类的选修课程，其中女生对艺术类课程的兴趣高于男生，对于理工类课程的兴趣要低于男生。

（四）对教师的人文关怀及知识传授的需求

对教师人文素质状况的调查表明，大多数学生对于教师的人文素质持积极的肯定态度，认为政治类公共课老师和专业课老师都具有一定的人文素养。多数学生希望专业课老师能在课程上渗透社会热点话题、交际艺术、文化历史、哲学思辨方面的信息。

（五）对校园文化环境建设的需求

调查显示，图书馆能满足各年级、各专业学生的基本需求；对于高质量人文讲座的需求较突出，其中人文社科类专业学生的需求更加显著；对于校园文化活动，多数学生认为大部分都流于形式，没有文化内涵；对于社会实践类活动，多数学生表示很感兴趣，但是缺乏经验和参与渠道。对于社会实践类活动，其中女生认为很感兴趣但缺乏实践渠道的比例要高于男生，男生对于此类活动持消极态度的比例要高于女生。人文社科类专业学生的实践行为及态度要好于自然科学类专业学生。

四、加强大学生人文教育的建议及对策

通过对大学生人文教育现状及需求调查研究，笔者认为加强当代大学生的人文教育应该从以下几方面着手。

（一）健全高校人文教育课程体系

在大学教育中，人文教育与人文课程是密不可分的，人文教育的价值属性需要依赖于课程来实现。人文教育的关键在于它能够提供多少被学生内化的东西。在今日的大学教育中，课程比专业更基本、更关键、更重要。课程是大学教育质量和特色的基石，人文课程的设立和完善对加强大学生人文教育尤为重要。

笔者认为人文课程的设置应具有根基性、导向性、统领性、互补性、和谐性、民族性和本土性等特征。人文课程不仅要传授知识，更需要为受教育者提供生活上的职业训练。做好高校人文教育课程体系的设置与完善，应该做到以下三个方面：

1.构建科学的人文教育课程体系

第一，要给人文类课程以足够的重视和充足的学时。大学本科生的课程主要由公共必修课、专业基础和必修课、专业选修课和公共选修课几个

模块组成，我们认为包括政治思想教育类、历史类、体育、外语、计算机类课程在内的公共必修课，以及不同学科相互交叉指定或任选的文学艺术与科学教育等课程，总计学时不应少于大学四年总学时的30%。

第二，在具体课程设计时，既要体现综合大学文理科之间的差异，又要考虑到不同类别课程的交叉对大学生人文知识的构建和科学精神培养的潜在影响，还要综合考虑各学科类别的学生所具有的不同的知识基础。

2.强化通识教育意识，促进专业课程教学中人文教育的渗透

在高校课程设置过程中，人们往往把人文教育与科学教育完全隔离，阻断了人文教育在科学教育专业课程中的有效实现。随着人文教育研究的广度和深度不断扩大和加深，越来越多的人意识到人文教育的实现需要加强与科学教育的有效结合。实现人文知识在专业课程中的渗透，需要不断加强通识教育意识。19世纪初，美国博德学院的帕卡德教授在《北美评论》一文中就曾写道："我们学院预计给青年一种共通的教育，一种古典的、文学的和科学的，一种尽可能综合的教育，它是学生进行任何专业学习的准备，为学生提供所有知识分支的教学，这将使得学生在致力于学习一种特殊的、专门的知识之前对知识的总体状况有一个综合的、全面的了解。"① 因此，加强通识教育意识，使人文教育进入科学教育这个大学教育的主渠道，才能真正在大学教育中得到充分体现。在专业教育中融入人文教育，让学生在潜移默化中提高人文素质。

---

① 李曼丽，汪永铨.关于"通识教育"概念内涵的讨论[J].清华大学教育研究,1999(1): 99-104.

3. 推进人文教育课程教学内容与方法改革

针对大多数学生非常希望教师能避免"一言堂"模式的教学，更倾向于"以有趣的活动吸引学生参与到课程的学习"的学习需求，笔者认为非常有必要推动人文教育课程教学内容和方法的改革。

第一，在人文课程教学内容的选取上要注重人文方法的传授。人文方法是指人文思想中所蕴含的认识方法和实践方法。人文方法表明了人文思想是如何产生和形成的。学会用人文的方法思考和解决问题，是人文素质的一个重要方面。科学方法强调精确性和普遍适用性，而人文方法强调确定属性，强调体验，与特定的文化相连。

第二，在教学方法改革上，要加强课堂教学方式改革以及课外文化素质教育实践基地建设。教师在组织课堂教学过程中必须带有亲和力，不能"独断"，要让学生有一定的自由度，使学生充分参与到课堂中来，整合各方面的因素，把练习和延伸拓展进行优化设计。这样的课堂才有活力、智慧和情趣，才能真正让学生成为学习的主人。在课外实践环节上，积极建立大学生文化素质教育基地。建设大学生文化素质教育基地，要依托学校所处地域的文化条件和资源优势，充分利用历史文化的丰富资源，组织学生开展历史文化考察和民间文学采风等实践活动，鼓励学生申报与地方历史文化相关的研究性课题，在教师的指导下，形成研究成果，从而促使学生在丰富多彩的地方文化实践活动中感悟中华文化的人文精神与人文力量，促进人文知识对学生心灵的洗涤，对学生的身心发展起到量变式的启发和影响，进而阶梯式地达到质变效果，让学生受益。

（二）加强教师人文素养的提升

转变教育观念是加强人文教育的基础，改革、完善教学体系是加强人文教育的根本手段，而提高广大教师的人文素质是加强人文教育的首要前提。

教师的人文素养就是教师所具有的人文精神及教师在日常活动中体现出来的思想、道德、情感、心理、性格和思维模式等方面的气质和修养。教师人文素养的提升要求教师自身不断地加强人文知识的学习，同时具备在实践活动中能够广泛应用人文知识的能力。

由问卷调查可以知道，学生普遍希望老师在传授专业课知识的同时渗透一些社会热点话题的信息（70.4% 的学生认同），还有相当一部分学生希望老师传授一些人际交往、公关礼仪等方面的知识。[①] 据此我们认为，全面提高师资队伍的人文素养，从以下几方面着手更为有效：

1. 要加强学科间交流，改善和优化教师的人文知识结构

由于我国院校长期以来实行"重专业、轻基础"的人才培养模式，教师只重视本专业知识的要求，而忽视了学生对其他专业知识的掌握和了解，由此出现了大学理工类教师的人文素质相对较弱，而文科教师的科学素养相对较低的现象。教师文理不能兼通的局限，使得学生既不能在科学教育中充分感受到人文的熏陶，也无法在人文教育中体会到科学的力量。为此，加强学科专业间的相互交叉，促进不同专业教师间的相互交流，已成为学校专业人才培养方案设置，以及改善教师人文知识结构中一个亟待解决的问题。

2. 教师要广泛阅读，开扩自己的视野

调查分析可知，多数学生希望在课堂上能学到更多的课外知识。所以

---

① 邵阳. 人文素质培养的策略研究 [M]. 中国原子能出版社，2019.

作为教师，既要关注社会热点，也要注重学习优秀的文化传统。教师应努力完善自己的知识结构，因为只有"完整"的教师才能培养出"完整"且"健全"的学生。

3. 强化教师的责任意识

人文教育不仅仅是掌握一门"交际礼仪"或"音乐鉴赏"，而是在于引导学生领悟人类社会的价值，包括生存的价值、社会的价值、美学的价值等等，利用这些价值导向的作用，让学生成为有个性、有思维、有境界的人。这就要求教师在教学工作中要有高度的责任感和敬业精神，能够做到身体力行，不断夯实自己的人文知识和提高业务水平。

（三）加强校园文化建设

校园文化是学校本身形成和发展的物质文化和精神文化的总和。由于学校是教育人、培养人的地方，因而校园文化一般取其精神文化之含义，即学校共同成员在学校发展过程中，逐步形成的包括学校最高目标、价值观、校风、传统习惯、行为规范和规章制度在内的精神文化，以及校园建筑、校园景观、绿化美化等物质文化，其中以精神文化为第一要义。因此，校园文化是师生精神风貌、思维方式、价值取向和行为规范的综合体现，它在一定程度上彰显了学校发展的独特理念与发展特色，可以说，改善校园文化环境是加强人文教育的重要途径。

1. 丰富图书馆人文类书籍，开展"名著阅读"活动

调查显示，78.5% 的同学认为图书馆的人文类书籍能较好地满足需求，但是仍需丰富种类。[①] 高校图书馆应该在丰富人文社科类书籍的同时，通过

① 邵阳. 人文素质培养的策略研究 [M]. 中国原子能出版社，2019.

开展"名著阅读"等活动，加强学生阅读人文经典著作的兴趣。

2.提高校园文化活动质量

我们调查到有 88.4% 的同学认为学校比较缺乏人文类讲座，而自然科学类专业的学生对于此类讲座的需求更加强烈；对于校园活动，66.3% 的同学则认为目前大部分活动流于形式，并无文化内涵；对于一些社会实践活动，人文类专业的学生则表现出极大的积极性，但是学校提供的平台较少。针对此类现象，学校方面应加强校园文化建设，一是增加高质量人文类讲座的举办，同时做好宣传工作，让学生有更多的机会与大师接触、与名家接触，体悟人文精神之美。二是开展健康向上、格调优雅、内涵丰富的学生文化活动，对学生会、社团等组织的活动严格把关，防止活动过滥，坚决杜绝"形式主义"；而对于社会实践活动，除每年暑期各学院、社团组织的实践活动外，建议各学院增强实践基地的建设，让学生能够在暑期获得实践学习的机会。

3.提升校园"软""硬"件水平

学校要在校园建设中充分体现人文关怀，着力营造书卷气息和儒雅氛围，为人文教育提供良好的外部环境。为此，应当做到：一要精心设计，构建绿化、美化、知识化的校园环境。二要与时俱进，倡导开拓、进取、创新的人文环境；三要以人为本，优化发展个性、培养特长的活动环境。

五、加强人文教育、提升大学生人文素养的途径

综合上文大学生人文教育的现状和建议，以下提出几点途径：

（1）确立合理的课程比例，适当增加人文学科学时。应由教育主管部

门提出要求，采取强制性和自我激励的双重措施来提高学校和学生对人文学科的重视程度。选好、选准突破口，确定人文教育内容。人文教育的范畴和内容应当涵盖社会科学的大部分，文学、艺术、历史、政治、法律、音乐、美术等，具体教学内容在与时俱进的同时，也应该具有历久弥新的经典部分。

（2）建设亮丽校园文化，塑造良好人文环境。设置强制性课程的目的是奠定和形成良好的人文气氛和环境氛围。校园的文化建设、人文文化沃土的培养、人文精神的内化、人文素质的提升，需要高校开展一系列的主题活动来保证其实现。

（3）引导学生价值取向，达成人文素质教育的共识。人文教育不仅关系到个人的价值观、人生观和独立精神的培养与发展，而且也事关全社会的价值取向和发展。对于塑造一个民族独立自主、自强不息的精神，持久旺盛的生命力、源源不断的创新精神，团结一致、共同奋进的民族凝聚力都具有极大的现实意义。

大学生人文教育的开展、人文素质的养成、人文精神的培育，这些工作只有引起社会全方位的重视，并积极行动起来形成合力才能完成这一社会性的系统工程。

第二节　现代人文主义技术哲学

反思现代人文主义技术哲学，其主观意图是深度挖掘包含于人文主义技术哲学中的理论意蕴。我们的目的不是排斥那种具有悲观性人文主义者的技术哲学，我们需要以正确的态度和方式来面对技术，构建一个合乎我们时代的技术观，合理地处理好自然、人和社会三者之间的关系，从而避免由技术而引发的社会危机。

当代技术发展日新月异，技术对社会、自然的变革作用也越来越明显。技术高速发展，随之而来的负面影响也被扩大，面对技术引发的危机，人们开始慢慢研究技术并且反思技术，反思技术所导致的一些消极影响。此种反思包含两个方面：工程技术哲学和人文技术哲学。后者是人文学者创立的人文主义技术观，此种技术观关注技术意义的研究与阐述，反思技术发展给人类社会带来的消极后果。

一、现代人文主义技术之思的问题

由社会、自然、人组成的技术系统是复杂的系统，技术系统包含软技术和硬技术。所谓软技术即是创造的技巧，涉及如何设计、控制程序的方法，而涉及劳动工具的物质手段即所谓的硬技术。现代人文主义的技术哲学批判了工具论的技术观或者是工程的技术观，认为无论是工具论的技术观还是工程的技术观都没有揭示其技术的本质，并且此工具论的技术观或者工程的技术观对技术自身所引发的危机毫无裨益，诸如此类的技术观只会带来新的危机而不会解决实质性的问题。因此，认为技术的发展有自律的力量在支配着万物，并不受人类的干涉。其自律的力量可以不受人类的控制，并且以作为一切存在者物化的原动力的形式存在着。当代美国技术哲学家约瑟夫·C·皮特认为，不应该将技术作为一种自主性的力量。"人是操作技术的主体，决定了技术的形式以及技术以怎样的方式作用于人，所以技术对人并不构成恐惧，人比技术更为恐怖。在任何的技术改造中或者利用中，人扮演着重要的角色，他可以使技术服务于人类，也可以使技术危害人类的生存，关键在于人如何利用技术。"① 由此可见，皮特批判人文主义技术哲学的主要方面在于对技术自主性的理解，也批判了那些将技术本质实体化了的做法。

苏联教育家费恩伯格说到人文主义的技术哲学时，将马尔库塞、海德格尔等人的技术哲学称为"有技术实体主义的倾向"。他认为所谓的技术实体主义即认为技术的本质是异于我们自身的，不受我们自身力量的支配，费恩伯格认为海德格尔的技术观隐性地表达了一种宿命论，而他却一直主张在日益技术化的世界中看护意义而不使其意义流失，表现出了人文气息的实体性质，还是没有走出西方"形而上学"的思维模式，海德格尔批判技术理性，并未在真正意义上揭示技术，而是形成了对技术本质中心主义的理解。

现代人文主义技术哲学认为传统技术不同于现代机器技术，二者是非延续的，二者之间存在着一条不可逾越的鸿沟。所谓的现代机器技术与上面谈及的技术实体化的思维路向相关，是实体化自然会涉及对象性的思维模式。而传统技术在他们看来是天人合一的自然之表达，并不认为技术外在于我们自身，此种天人合一的技术也不会危及到自然。

因此在现代人文主义技术哲学家的眼里，传统技术观是异于现代技术观的，技术是一个时代的标志，它标志着时代的转型。传统技术观中的技

---

① 约瑟夫·C·皮特. 技术思考：技术哲学的基础 [M]. 马会端，陈凡，译. 沈阳：辽宁人民出版社，2008.

术与技艺是同一的，或者可以将技术与技艺等同起来，然而在希腊人眼里，技术是涉及技巧与心灵的艺术。"古希腊时期的技术与制造意义上的技术是相区分的，而海德格尔却不这么认为，他认为现代技术的本质是'座架'，它把人类自身都降格为物质。"① 现代技术异化了技术与人、与自然的原初形式。事实上，现代人文主义技术哲学家的理解都具有一种片面性，我们可以采用技术史的角度去分析。18、19 世纪被认为是以蒸汽机为代表的革命性的时期，各种现代的机器设备应运而生，但实际上它们的原理模仿了传统技术的原理模型，或者继承了传统技术的模型。我们可以举蒸汽机的例子来说明。

在 18 世纪到 19 世纪间，蒸汽机在社会文明的发展进步中扮演了重要角色，蒸汽机的发明作为第一次工业革命的标志，被认为是 18 世纪最伟大的发明之一。但很少人知道在蒸汽机发明之前，当时人们使用的是纽可门机这一情况。蒸汽机的很多原理还是模仿了纽可门机的原理。此外还有机械技术及机器被认为是工业革命之后才被发明的，如带刺铁丝、电动机等都在不同形式上延续了传统技术的形式。

因此，费恩伯格认为，在历史分期上，人文主义技术哲学存在着一定的问题，认为不能区分传统技术与现代技术。从表面上看来，区分现代技术与传统技术，其实质并没有辩证地看待技术的发展。

二、现代人文主义技术之思的特征

把这些人文主义者的技术哲学所表达的思想观点整合起来，会发现他

---

① 海德格尔.海德格尔选集[M].孙周兴选编.上海：上海三联书店，1996.

们的思想观点都存在一个基本的假设前提，下面来仔细地研究和分析这个假设。

这个假设是：历史已经发生了翻天覆地的变化，并且在本质上已经断裂。现代技术使人类从传统社会过渡转型到现代社会，其价值观与生活理念方式也发生了转变。现代社会对自己所造成的问题却显得无能为力。因而必须与现代技术的理性和现代性相割裂，试图创建一种超越于现代性的理论。通过研究分析人文主义技术哲学的基本相关理论，我们发现主要有以下几个显著的特征。

（一）对现实具有强烈的针对性

人文主义哲学已经从思辨性（以海德格尔为代表）转化为实践性（以芒福德为代表）。由技术所引发的诸如生态失衡、大气污染等问题，都是人文主义技术哲学所关注的且要重点解决的。当今，现代文明面对着令人棘手的社会问题，他们试图走出理论，对现代性展开全面而有力的批驳。尽管在一些具体思想观点上还存在一定的局限性，但我们必须承认，他们对技术理性的批判是强有力的，而且他们对现代性局限的认知明显要深远很多。

（二）建构新的理论框架

如何建构自然、人、社会与技术之间的关系。人文主义技术哲学关注于整体的有机论，反对将它们割裂开来，同时也抵制那种认为人就是开发、利用和统治自然诸如此类的观点。"人文主义技术哲学强调的是自然、人、社会与技术内在的自然和谐而非是相互冲突的一面，强调的是一种相互交往的关系，主张在交往理性中来消除技术理性所带来的一些消极的影响。"①

---

① 招耿春. 论技术理性与现代职业教育的人文回归 [J]. 教育与职业，2016（24）：109-111.

人文主义技术哲学家在批判技术理性的同时，也表达了自己的意见。例如，海德格尔主张用艺术来拯救科学技术，企图用艺术来弱化技术的神化功能，提倡"审慎之思"；马尔库塞主张历史的合理性，并试图用历史合理性的思想去补漏工具合理性的缺失等。可以看出他们对技术都充满了忧虑，在他们看来，技术不一定可以造福人类，但需要明白的是他们并不是完全地否定技术，而是主张合理地利用技术，那种主张完全抛弃技术的人毕竟是个别的。大多数的技术哲学家在表达忧虑的同时也提出了一些如何改进的理论。

（三）表达了"天人合一"的理念

我们不能不提的是人文主义者对技术的思考与东方哲学有着某种相契合的地方。例如海德格尔的后期思想与老子的"天人合一"有相类似的地方，都在表达着天、地、人要相互和谐、整体合一。这种"整体合一"的思想试图克服二元论的思维模式。以前西方的思想都带有主体性的影子，所以在主体性影响下的人与自然的关系，人在自然中占据主导性的位置，进而控制和利用自然。这种主体性的原则让他们领略到对自然大肆剥夺所带来的负面影响，使西方人文主义者开始认识到人与自然和谐相处的重要性。"虽然很多人文主义者所表达的技术思想是不同的，但他们在强调人与自然和谐相处这一点上是一致的，主张一种新的自然观和技术观，这种新的自然观、技术观也预示着一种新的生态文明理念发展的趋势，生态文明主张人与自然相处有道，和谐而不相互冲突。"① 我们不难得出这样的结论：现代人文主

---

① 招耿春. 论技术理性与现代职业教育的人文回归 [J]. 教育与职业，2016（24）：109-111.

义的技术哲学有其合理的地方，其自身也有缺陷。在此，我们只是略微地做了一个简单的概述。

三、探寻发展现代技术的人文途径

由技术自身引发的一系列的人文问题还得由"技术"（新的科学技术力量形式）来解决，因此要解决问题，必须发展新的科学技术，壮大新的科技力量，这是走出其危机困境的重要途径。在发展新的技术力量形式的同时，也要注意到如何处理技术与人关系的问题。不能一味地只是发展高科技，而忽略人文环境的影响，在一定程度上人文状况的好坏直接影响着科技发展的状况。在很多时候，我们只把注意力放在科技发展上面，对人文方面的关注其实是很少的，在这样的思想意识下，我们很难发展好技术以及很好地解决技术所引发的一系列的人文问题。显然，技术决定论—技术实体主义与人文精神之间存在着相互抵触的地方。技术"实体化"认为，技术是一种外在于我们自身的独立自主的力量，技术自身的发展并不受外部因素的影响。相反，技术作为自变量的因素对社会有一种单向度的作用，我们只是注意到技术对社会的作用，而很少考虑到社会对技术也有一定的反作用。而且"技术实体主义者把技术当作不依赖别的的一个独立自主的东西，这样势必弱化了人的主观能动性，弱化了人自主塑造的功能意识，由此，人变得消极被动而成为技术的接受体，这样不利于通过人与技术相互作用而促进技术的发展。"①

"技术是人文的技术，技术的设置与创制离不开人主观自为的目的，受

① 招耿春.论技术理性与现代职业教育的人文回归 [J]. 教育与职业，2016（24）：109-111.

制于人自身的目的，有什么样的主观目的就有什么样的技术模式诞生。"①
各个国家所制造的产品都有其自身文化的印记，都被打上自己国家文化的
烙印。例如，构成日本技术的基础正是日本的本土文化，其本土文化在无
形中影响着本土所制造的产品，换句话说，其自身文化有什么样的特色特
征都会反映在所制造的产品中，你可以从产品中来发掘产品自身所包含的
文化因子。我们知道日本文化实质上可以算得上是学习型的文化这一类型，
由此日本所生产的技术产品形成了所谓的"生产现场主义"；再如中国的
文化，中国的人文特点也对其自身的技术发展有着极大的影响，中国人讲
究的是含蓄、慎独，重视自身价值的实现，其产品多彰显含蓄、精雕细琢
的风格，特别是杭州的刺绣更是彰显了其文化的独特性；又如美国，为什
么美国成为许多技术创新的发源地？其原因是美国人讲究实用、重视个人
价值。

要拥有更好的人文效益，就需要有良好的人文环境与现代技术。良好
的人文环境与理想的现代技术环境直接促进了现代技术人文效益的发展。
我们反对那种只知道一味地发展高科技而忽略人文环境的发展的做法，我
们应该在发展高科技之余，优化人文环境，抵制那种用技术决定论的思维
来发展我们现代技术的思想言论。

中国科学院前院长卢嘉锡在一次谈话中曾说："毛估和精确，都是必不
可少的认知阶段。在认识的头几个阶段，就要求拿出精确的答案来，是不
可能的。总是先有毛估，再一步步逼近精确；总是先有模糊，再一步步走

① 招耿春.论技术理性与现代职业教育的人文回归[J].教育与职业，2016（24）：109-
111.

向清晰。毛估是认识的开端，也往往是认识突破的开端。"① 因此，现代人文教育需要将精准教育与模糊教学相结合，注重挖掘模糊教学的合理内核。

四、问题与弊病：现代人文教育片面追求精准的深思

任何事物都有一体两面性，现代人文教育对精准科学的追求也同样遵循此规律。随着现代科学技术的发展，它一方面推动了社会的巨大进步，另一方面也忽视、压抑了人的天性和情感。崇尚科学作为一种思潮，使人们习惯于用精确的方法思考和推理，极力追求精确明晰的方法，以获得事物科学的逻辑美，尽管这些精确化的科学手段解决了一些传统教学中的难题，但由此带来的诸多弊端也日益凸显。

（一）精准教学导致学生的思维呈线性

精准教学一般都依赖现代教学设备与仪器，围绕既定的教学模式与过程展开，具有严密的逻辑性，在此模式的运行过程中，教学内容的指向和教授方式都是既定的。同时，对教授信息的分析与综合只是形式上的演绎，此种教学方式容易导致学生养成思维定式，极大地限制了学生的思维空间，影响了学生非逻辑性思维的发展。而对于人文社会科学的学习而言，直觉、灵感以及发散思维等非线性思维对于感受和理解教学内容却是至关重要的。

（二）精准教学导致教学评估标准的僵滞

应该说，运用现代数学统计方法对教学信息和效率进行量化评估，以科学的数据分析为起点，对于整体改进教学方式与方法而言，具有数量上的基础意义。而对于人文社会科学教学而言，则需要辩证地看待其科学性，

---

① 卢嘉锡 . 院士思维 第 1 卷 [M]. 合肥：安徽教育出版社，2003.

原因在于人文社会科学是一个极其复杂的系统，它不仅包罗万象，而且也是人类对所生存的自然环境与社会环境的综合认识过程，它的信息载体更多来自于人的内心世界，具有相当强的主观性。所以，理解与评估人文社会科学的教学，不是几条僵死的标准和几步抽象的推理就能完成的。

（三）精准教学导致教学目标的单维

应该说每门课程的教学都有明确的教学任务目标，这是考核教学效果的主要指标。为了更好地实现这一目标，教师往往习惯于采用精准的"一站式"的演绎，让学生围绕老师的思维，在一种平静的、稳定的、封闭的环境中被动地接受知识，学生长期处于这样的精准环境中，对知识教学目标的接受确实更加容易一些，但却忽略了学生主动学习的重要作用。其实，掌握书本知识只是教育的一个目标而已，除此之外，还有大量其他的教学目标需要完成。对于学生而言，信息接收是从已知信息的无序到有序、不确定到确定、不平衡到平衡的归纳整理过程，而精准教学的单维目标则遗弃了这个过程。

五、历史与传承：模糊性思维的哲学溯源

中华五千年的悠久历史孕育了灿烂的中国文化，其中，关于"模糊性"的思考在中国传统哲学思想中早有雏形，最具代表性的便是老子的"有无相生"的哲学命题。在中国古代美学中，往往把直感体验浓缩为理性的结晶，并升华为玄之又玄的道。道分有无，归于玄妙。"玄之又玄，众妙之门"，这种有与无的合分、分合的变动不居，生生不息、周而复始的循环过程，即是有无相生。换言之，从无到有，从有到无，有无结合，相互转化，周

行不止，无始无终，这便是道的运动过程。这是老子哲学思想的核心，也是老子美学思想的哲学基础。由此观之，老子哲学思想带有模糊性的特点。横向上：你中有我，我中有你，亦此亦彼，相互渗透；纵向上：无中生有，有中生无，它表述了有无之间变动不安的不确定性。这也是老子对于道的最高理论概括，其蕴含了朴素的"模糊性"。

由老子哲学思想及美学理论生发出思与境偕、神与物游、质文代变、阴阳惨舒、刚柔相济、虚实相生、情景交融、形神兼备、曲直互补、疏密相间、巧拙有素等等概念，这些对举的概念，都在研究对立事物（甲乙双方）之间相互过渡的模糊现象。当这些对象之间的中介环节，在一起一落的变动中，相互撞击，发生震荡，也就是耗散结构论中所说的不平衡、不稳定、非线性状态。在碰撞过程中，某些旧的环节消失了，某些新的环节出现了，某些环节变弱了，某些环节增强了。这些中介环节，显示出重新组合、相互渗透、左右摇摆、上下浮动的不确定状态，从而出现模糊。

国外关于"模糊性"的论述早在札德之前就有很多相关的表述，恩格斯在《自然辩证法》中说，"一切差异都在中间阶段融合，一切对立都经过中间环节而互相过渡，对自然观的这种发展阶段来说，旧的形而上学的思维方法就不再够了。辩证法不知道什么绝对分明和固定不变的界限，不知道什么无条件的普遍有效的'非此即彼'，它使固定的形而上学的差异互相过渡，除了'非此即彼'，又在适当的地方承认'亦此亦彼'，并且使对立互为中介。"① 这就是说，客观世界没有清晰精确的、固定不变的东西，至少同时是庞大的模糊域，"亦此亦彼"揭示的正是事物的模糊状态，同时告诉

---

① 恩格斯. 自然辩证法 [M]. 郑易里，译. 北京：生活·读书·新知三联书店，1950.

我们"非此即彼"是形而上的，"亦此亦彼"才是辩证法的。

黑格尔对模糊论的贡献主要表现在他的中介论哲学思想中。他说："每一方都是对方的中项（中介），每一方都通过对方作为中项的这种中介作用自己同它自己相结合、相联系；并且每一方对它自己和对它的对方都是直接地自为地存在着的东西。同时由于这种中介过程，它才这样自为地存在着。它们承认它们自己，因为它们彼此相互地承认它们自己。"①这里，黑格尔指出，不同的对方，通过中介而结合，你中有我，我中有你，相互联系，相互渗透，亦此亦彼，这种结合具有流动性、可变性，环节与环节之间相互浸润、渗透、融合。

康德从价值层面论述了"模糊"："知性在模糊不清的情况下起作用最大；模糊观念要比明晰观念更富有表现力；在模糊中能够产生知性和理性各种活动；我们并不总是能够用语言表达我们所想的东西。"②

通过以上分析，我们发现模糊与精准相对应，二者存在严密的辩证关系，即模糊性是普遍的、绝对的，精确性是相对的；模糊性寓于精确性之中，精确性是模糊性的特例和表现；模糊性与精确性是矛盾的对立与统一的双方，相互依存、相互联系，在一定条件下可相互转化。

六、功效与能量：现代人文教育的模糊性诉求

需要指出的是，模糊教学艺术中的"模糊"不是指那种不合思维规律的悖论模糊，而是指符合思维规律的辩证模糊，它既不同于是非不分的糊涂，又不同于模棱两可的含混，也不同于故弄玄虚的神秘，更不同于老于

① 黑格尔.逻辑学 上 [M].杨一之，译.北京：商务印书馆，1996.
② 康德.实用人类学 [M].邓晓芒，译.上海：上海人民出版社，2005.

世故的圆滑，它是原则性和灵活性的高度统一，充满着科学与艺术融合的灵气。它以正确性为前提，要求教师在潜心体味、深刻理解教学内容的前提下，在启发诱导学生上下功夫。确切地说，它是一种难度较高的教学手法。如果认为模糊教学艺术只要意会，用不着深入钻研教学内容、了解学生，不改进教学法，不指导学习方法，马马虎虎应付，那就是对模糊教学艺术的曲解。实践证明，模糊教学在一定的教学情境和教育背景下，能获得比用清晰的表达、明确的语言、严谨的推理等科学教学手段更优化的教学效果。因此，应当重视模糊性在当前人文教育中的重要作用。

（一）利用模糊教学发展学生的非线性思维

非线性思维具有波动性，它除了受主导思维引导外，还需要结合自身的情感、性格、兴趣、爱好、经验、想象等，共同处理新鲜事物的画像，使其具有适合自己的立体图案。在教学过程中，它常常表现为思维过程的不确定性的"产生—消除—再产生"，表现为不确定性思维过程，而我们的模糊性教学恰好能给这些不确定性提供缓存，以便信息的准确接收。

（二）利用模糊教学完善教学绩效考核指标

教学绩效考核包括定性与定量两方面的内容，如果在人文教育考核中偏轻或偏重了精确性或模糊性任何一面，都势必影响整体教学的效果。其实，在对整体教学进行考核时，应当遵循科学、全面的原则，综合考虑各方面内容，从整体上把握教学效果。以前，在设置教学考核指标时，可能更多的是从定量角度考虑问题的，而忽略了定性这一维度。如果由于模糊性教学指标的缺失，导致教学考核信息的不全面，必将导致教学信息量化研究所服从方法规律的错误运用，这样，也就直接导致教学效率评价或教学信息量化研究的效度、信度的降低甚至错误，使其失去评估、指导、调控的科学依据和作用。

（三）利用模糊教学实现人文教育的多维目标

人文社会科学教学，有不少是属于感受性质的。语言感觉能力至关重要，如情感陶冶与审美教育，甚至对语言的理解，很大程度上都依赖于感受，所以，加强对学生的语言感受能力的培养，也是模糊教育的一个目标。在现行的人文教育与考核中，已经习惯于追求"ABCD"选项的"标准化"，"标准化"虽然需要对基本基础知识的掌握，追求知识的精确性和严密性很重要，但多数情况下，它还需要科学、合理的审美观，而模糊性人文教育正是由于它重视直觉思维与体悟能力等形象审美能力的培养，使得学生在获得精准基础知识的同时，又得到了审美能力的培养。

第三节　道德的发展和教育

本节旨在比较孟子的道德成熟论与劳伦斯·科尔伯格的道德发展论之间的异同，从而探究在道德成熟论中有哪些部分仍然与当今世界的道德教育有着密切的关联。在本节中，我们试图站在科尔伯格的视角向孟子的道德成熟论提出挑战，并尝试着以某种创新性解释来帮助孟子做出合理的回应。通过这场虚构的对话我们发现，尽管孟子和科尔伯格在理论倾向、对道德进步的界定以及在道德观上有着明显的差异，但二者之间依然能够进行富有创造性的对话，从而使我们可以汲取儒家的思想资源来重新审视当代中国以及东亚其他国家和地区的道德教育。

孟子是中国古代著名的思想家和教育学家，其有关道德成长的理论可以被概括为"道德成熟论"。孟子认为，人生来便具备善的潜质，即"善端"，它们就像种子的嫩芽，需要不断培养才能成为现实的道德品质。长期以来，孟子的这一理论对于中国以及受儒家传统所影响的许多东亚国家和地区的道德文化和教育产生了持久的影响。然而，自20世纪初开始，这种理论便因其内容的理想性以及方法论的不实用性而遭到了来自各方的批判和怀疑。直到近些年，这种负面性的态度和评价趋势才有所回转，原因在于，越来越多的人开始意识到，在当代社会，尤其是在这个物质主义和消费主义盛行的时代，我们不仅需要重新评估孟子，还需要重新发掘道德成熟论在现代生活中所承载的价值。

对于孟子道德论的重估可以从多条路径展开。在本节中，我们将尝试站在当代心理学家科尔伯格的实验心理学视角，以科尔伯格的道德发展论来反观孟子的道德观，从而对道德成熟论加以新的诠释和重估。我们希望，我们的研究能够使孟子的道德教育理论在现代获得新的发展和推进。

一、孟子的道德成熟论

"道德成熟论"是我们对孟子有关人的道德起源、发展以及完善等一系列道德理论的一种概括。在孟子那里，道德成熟论之所以被认为人生来便具备善的潜质，可能是因为每个人生来便具备一切道德德行的始端，即"四心"，这是人之为人的本质。作为"善端"的"四心"只有经过不断培养才会成长并实现为四种道德德行，即仁、义、礼、智。在此意义上，孟子认为，"人之所以异于禽兽者几希"[①]。虽然孟子并没有对其道德理论做出明确的界

---

① 出自《孟子·离娄下》。

分，但通过诠释，我们可以将其道德成熟论大体分为三个层次，即自然道德、自律道德和自由道德。

道德成熟论的第一个层次是自然道德。孟子说，人生而皆备"四端"，这些天赋善良的资质便是人之"才"。才者，"草木之初也"。也就是说，"善端"如草木之初一般具有一种自然的生长力，德行的实现乃是人性的一种自然需求。自然道德在儿童身上的最初表现便是仁义等"良知""良能"："孩提之童无不知爱其亲者，及其长也，无不知敬其兄也。亲亲，仁也；敬长，义也。"知道了仁义，自然也就懂得了什么是礼和智，因为，礼乃对于二者的调节，而智则是对于二者的坚持。由此可见，"仁义礼智，非由外铄我也，我固有之也"[1]。为论证这一点，孟子举了"孺子将入井"的例子。孟子说，"乍见孺子将入于井"之人皆有"怵惕恻隐之心"，因为是"乍见"，所以没有任何功利考量，完全是自然本然之情，这种"恻隐之心"便是"仁之端"，如果连这种恻隐之心都没有，那就是"非人"。但孟子也指出，所谓"性善"是指性"可以为善"，而非必然为善，因为人除了"四心"之外，还有耳目之官，"耳目之官不思，而弊于物。物交物，则引之而已矣。"[2]因为人有五官七情六欲，所以常常会被外物所蒙蔽，以至于"陷溺其心"。但这不是"善端"之错，"若夫为不善，非才之罪也"。恶来源于对善的遮蔽，而非善自身的空场。对此，孟子举出了"牛山"的例子，以说明外在环境对人性的巨大影响。总之，在孟子看来，仁义礼智在最初阶段完全是自然地呈现在儿童的日常道德生活之中的，它们为道德德行的完满实现奠定了良好的开端。但是，自然道德并不是必然道德，潜能虽然渴望着实现，但不必然成

---

① 出自《孟子·告子上》。
② 出自《孟子·告子上》。

为现实，因为这需要一定的条件，也即人的努力。因此，自然道德还需要走向更高的层次，即自律道德。

自律道德是道德成熟论的第二个层次，也即"大人"或"成人"道德。众所周知，孟子对"体"进行了小大之分，"小体"就是耳目之官，"大体"就是"心之官"，也即人之为人的本性。在孟子看来，"养其小者为小人，养其大者为大人"。"养大体"就是对"四心"加以现实化、实现仁义礼智的过程。因此，所谓"大人"，也即拥有四德的君子，而"大人"道德也即这四种德行的完整实现。由于无"四心"则"非人"，"养小体"则为"小人"，因此，"四德"的实现与否直接关涉到能否"成人"的重大问题，在此意义上，"大人"道德也即"成人"道德。与自然道德不同，"大人"道德是一种自律的道德："人皆有所不忍，达之于其所忍，仁也；人皆有所不为，达之于其所为，义也"①。从"仁之端"到"仁"，道德自律起到了关键性作用。没有道德自律，"达"的功夫便无从展开。只有通过道德自律，人们才会主动从事"老吾老，以及人之老；幼吾幼，以及人之幼"的道德实践，从而实现道德成熟。也就是说，"四端"虽我本有，但要想真正实现这些道德并终身行之，单靠自然直觉是不够的，它还需要后天的努力，也即"扩而充之"的功夫，"凡有四端于我者，知皆扩而充之矣，若火之始然，泉之始达"②。由于受感官欲望的影响，人们在道德实践中还会经常遇到"放失其心"的情况，因此，人们就需要不断同外界的诱惑作斗争，以恢复人的本心。因此，"学问之道无他，求其放心而已矣"③。总之，道德的实现并非朝夕之功，而

①　出自《孟子·尽心下》。
②　出自《孟子·公孙丑上》。
③　出自《孟子·告子上》。

是个体长期扩充其善心的结果，由于这一过程离不开个体意志的道德自律，因此，这一层次的道德也就被称为自律道德。

道德成熟论的最高层次是自由道德或天人道德，它是对于自律道德的进一步升华。我们说，孟子的道德理论实际上就是对于"心"的不断培养和扩充，而一旦将这种扩充发挥到极致（"尽"），我们就会发现，我们又回到了孟子道德论的原点，即人性善。在孟子看来，因为人有"四心"，所以人性是善的，而要想认识到这一点，人们就必须尽力发挥和实现这"四心"。"尽其心者，知其性也。知其性，则知天矣。"① 这里，我们与其将孟子的论证方式视为逻辑混乱，不如将其理解为一种实践智慧。因为，在孟子看来，人和动物的差别"几希"，如果不尽力将其实现出来，那么人就不会明白人之为人的高贵性。只有尽力实现人的"善端"，人才能更深刻地明白"上天"为何要将人安置于这天地之间，与天地并立而生。通过"尽心"，人不仅认识到人性本善，而且认识到了这种人性的形上之源——天。既然人性之善是天意使然，我们就更应该尽力将其实现出来。"存其心，养其性，所以事天也。"② 正是在这种意义上，天道与人道相合而一，人性完美地展现了其原初之所是，天道也充分体现在了人的日常伦理之中，人的道德也由此进阶到了天人合一的境界。这种天人道德，正是孔子所说的那种"从心所欲，不逾矩"的自由道德。

总之，从自然道德到自律道德再到自由道德，孟子的道德成熟论的完成对于自身的诠释和建构具有深刻的意义。道德上的成熟不仅成为人类自

---

① 出自《孟子·尽心上》。
② 出自《孟子·尽心上》。

我实现、自我证明的唯一途径，而且为人类踏上"天人合一"的"内向超越"之路指明了前进的方向。

二、科尔伯格的道德发展论

与孟子不同，科尔伯格从未假定儿童有任何天赋善心。作为心理学家，科尔伯格通过实验发现，人天生就是以自我为中心的存在，并且会努力寻求对于自身需要的满足。但是，在有关儿童的道德发展方面，科尔伯格并不是一个纯粹的、冷冰冰的心理学家。在他看来，儿童天生便拥有一种与心智相关的学习能力，这种心智会通过经验而变得成熟。科尔伯格曾明确指出，"我的道德研究是从皮亚杰的阶段概念以及他认为儿童是一个哲学家的观点出发的"。换句话说，他的研究是建立在实验科学和哲学假设的双重基础之上的。科尔伯格把儿童的道德发展视为儿童整个认知发展过程的一部分，儿童的道德成熟实际上就是其道德认知不断向更高阶段发展的过程。在科尔伯格看来，"道德认知是对是非、善恶行为准则及其执行意义的认识，并集中表现在道德判断上"[①]。因此，道德认知的发展主要就是道德判断的发展。

以公正原则为核心结构的道德判断实际上就是对是非、善恶等问题的判断。在科尔伯格看来，一个人的道德水平越高，就越能更好地解决道德认知冲突，也能更好地摆脱在是非、善恶等方面的认知困境。在此意义上我们可以说，道德的发展始于个体自我的道德判断与他人的道德判断之间出现的道德认知冲突，而对于这种冲突的解决，又推动着个体道德思维的

---

① 科尔伯格.优秀教师的课堂艺术 [M].刘欢等，译.北京：中国青年出版社，2007.

重组，从而促使个体形成新的道德认知结构，也即道德发展的更高阶段。因此，科尔伯格认为，儿童道德发展的不同水平和阶段主要取决于道德判断的结构，也即儿童以何种公正原则来思考和解决道德问题。在此基础上，通过大量实证研究，科尔伯格把个体的道德发展经历分为三个水平，每个水平又包括两个阶段。这就是著名的"三水平六阶段"模型。

所谓"三水平"是指"前因循水平""因循水平"和"后因循与原则水平"。"六阶段"分别是：（1）惩罚与服从阶段。（2）个体的工具性目的和交换阶段。（3）相互性的人际期望、人际关系和人际协调阶段。（4）社会制度和良心维持阶段。（5）权利优先以及社会契约或功利阶段。（6）普遍伦理原则阶段。在前因循水平，个体是从其自身的现实利益出发来处理道德问题的，处在此水平上的儿童所关心的并不是社会规定为正确的行为，而是能够带来实际后果的行为（趋利避害），包括（1）（2）两个阶段。在因循水平，个体学会从社会成员的视角来处理道德问题，他会考虑社会群体的期望以及社会道德规范对其自身行动的要求，从而努力扮演好自己的道德角色，这一水平包括（3）（4）两个阶段。到了后因循与原则水平，个体开始超出其所处的特定社会的观点来处理道德问题，个体的道德判断也上升至普遍公正原则的层次，（5）（6）两个阶段属于这一水平。

道德发展阶段有四个基本特征：一是结构的差异性。这是说，不同的道德发展阶段具有不同的道德判断结构，不同结构之间的差异并非是量的不同，而是质的区别。二是不变的顺序性。儿童的道德发展遵循从低级到高级这一不变的、普遍的阶段顺序，文化或者教育能够加速或延缓个体的道德发展，但无法改变这一顺序。三是结构的整体性。每个道德发展阶段在结构上都是一个统一的整体，而非是一些零碎的道德观念的总和。四是层级的整合性。所谓层级的整合是较高阶段把较低阶段作为组成成分包含进来，并在较高水平上加以重新整合。

总之，在科尔伯格看来，儿童的道德发展是一个按阶段逐步建构的过程。个体的道德认知发展以个体的智力水平和社会认知水平为前提，并构成整个认知体系的重要组成部分。智力水平通常指个体的逻辑思维水平，而社会认知水平通常表现为个体的"角色承担"能力，即个体在他们的社会交往过程中"想到他人的态度，意识到他人的思想和情感，设身处地从他人的角度看问题"①的能力。"道德阶段并不是儿童对于文化和外部世界的直接反映，尽管阶段的形成依赖于经验。阶段是儿童和世界之间相互作用的经验产物，是这种经验导致儿童自身组织的重组，而不是将文化模式直接强加于儿童"②。个体道德发展的动力既不是个体心智的先天成熟，也非外部世界的直接反映，而是个体与其所处的生活环境相互作用的结果。在这种相互作用的过程中，"个体的道德经验不断结构化，不断同化吸收和调整平衡新的道德经验，从而使个体的道德结构产生新的质变，飞跃到新的发展水平"③。个体的道德认知水平就是经过这种不断的调整、平衡与飞跃中得到了提升。

---

① 科尔伯格. 道德发展心理学 道德阶段的本质与确证 [M]. 郭本禹等，译. 上海：华东师范大学出版社，2004.
② 科尔伯格. 道德发展心理学 道德阶段的本质与确证 [M]. 郭本禹等，译. 上海：华东师范大学出版社，2004.
③ 科尔伯格. 道德发展心理学 道德阶段的本质与确证 [M]. 郭本禹等，译. 上海：华东师范大学出版社，2004.

三、质疑与辩护

孟子和科尔伯格之间在理论上确实存在着很大的差别，但这并不意味着二者之间无法展开有效的"对话"。尤其是当我们站在现代实验心理学视角向道德成熟论提出质疑时，孟子的回应与辩护便成为我们重新审视道德成熟论的一个重要途径。这种质疑可以通过以下三个基本问题展开：

第一，人性是善的吗？就这一问题来说，孟子的回答是肯定的，但作为实验心理学家，科尔伯格并不相信这一点。相反，他认为处在第一阶段的儿童往往会采取"一种以自我为中心的视角"，他们只有通过生活经验才能逐步建立起关于是非善恶的认知和判断。面对这种质疑，笔者认为，孟子或许会放弃其对于"性善论"的建构性论证而改为一种范导性辩护。"建构"和"范导"本是康德批判哲学中的术语，前者是知性的方法，用以对经验对象加以规定；后者是理性的方法，用来引导知性向着更高目标前进。在这里借用这两个概念是为了说明，孟子所采用的那种对人性直接予以"善"的规定的建构方法在实验心理学中是无法证实的。因此，在现代哲学的语境下，对人性善的辩护只能是范导性的。也就是说，"人性善"并不是知性的对象，而是反思的对象，是为了人类的道德进步而设定的一种伦理目标。我们说，在孟子那里，人和动物的差别微乎其微，因此，所谓人性并不是指人的动物性，而是使得人（类）区别于动物、使得人之为人的本性，而这正是人的道德性。道德是人类所特有的一种文化现象，是人类社会在漫长的历史发展过程中积淀而成的一种心理结构。道德并不是一个可以直接感知的"实存"，它不是知性的认识对象，而是实践理性的产物，是人类特有的文化标记。也正是在此意义上，康德才宣称人是道德的存在，是自然的最后目的。总之，"性善论"作为一种先验理想已经无法在现代道德哲学中作为建构原则而被证实，但却可以作为范导原则、作为推动人类道德进步的伦理理念在当下社会中发挥重要作用。

第二，在道德发展论的视角下，道德成熟论的三个道德层次何以成立？我们说，在没有实验心理学的时代，孟子的道德论多半是基于经验观察的，但这并不意味着这种理论就毫无意义。当代著名政治哲学家罗尔斯根据皮亚杰、科尔伯格等许多当代心理学家的研究成果也提出了道德成长的三个阶段，在此，我们可以参照罗尔斯的道德阶段论来帮助孟子"回应"科尔伯格的"挑战"。我们说，自然道德阶段的儿童会对父母展现出一种本能的爱，在孟子看来，这是仁义的自然呈现，是良知良能。在罗尔斯那里，儿童道德发展的第一个阶段是"权威的道德"，在这一阶段，儿童会倾向于爱他们的父母并听从他们的命令，但这并不是道德本能，而是因为父母首先"表示出了对他的爱"。"如果他爱并信任他的父母，他就倾向于接受他们的命令。"[①]据此我们有理由认为，孟子笔下的儿童之所以知孝悌仁义并不是因为"良知""良能"，而是因为父母的爱，这种爱"意味着不仅要关心他的要求和需要，而且要肯定他自己的人格价值感"。同样，在"前因循水平"，儿童"对文化的规则和标记中的善恶是非观念十分敏感，但却是根据行为的实际后果或权利来解释标记的"。对他们而言，所谓对的就是"服从规则和权威"（第一阶段），并"根据具体的交换原则进行公平交易"，以满足各自的需要（第二阶段）。通过罗尔斯的解释和补充我们发现，自然道德与"前因循水平"之间有着诸多的相似性，它们都属于权威的道德，并且都是建

---

① 罗尔斯．正义论 [M]．何包钢等，译．北京：中国社会出版社，1999.

立在对个体基本利益和独立价值表示尊重的基础之上的。

道德成熟论的第二个层次是自律道德。所谓自律道德实际上也就是个体在自觉接受社会化之后所达到的道德水平，也即罗尔斯所说的"社团的道德"。处于这一阶段的个体已经拥有了"成人"道德，他能够承认并自觉遵守社会普遍要求的道德规范（仁义礼智）。同样，在道德发展论中，处于"因循水平"中的个体的社会化程度会变得更高，他们能够遵从群体的期望、认可社会的制度和规范，并以此来衡量行动的价值。就此而言，一个道德上自律的人与一个处于"因循水平"的人之间并没有实质性的差异，孟子和科尔伯格只不过用了属于各自文化和时代的特定语言表达了相似的内容。

到了自由道德阶段，我们既认识到了人性本善，也认识到了人性的形而上学之源——天。而一旦明白了这一点，也就肩负着将这种人性实现出来的形而上学使命。由此，天道与人道便合而为一了。在此意义上，自由道德乃是一种天人合一的道德。这种道德虽然在理论上是面向所有人开放的（"人皆可以为尧舜"），但真正能达到这种境界的人少之又少。与此相应，科尔伯格的道德发展模型也只能证实到第五阶段，没有人能够达到第六阶段。正如科尔伯格自己所言："我对于最高阶段，也即阶段 6 的适切性要求的讨论，是哲学上的，也是理论性的。"[1] 在他看来，"也许阶段 6 所具有的心理学实证意味较小，它更多的是为道德发展的方向做具体说明，其中，我们的理论声称，伦理道德的发展是不断前进的"[2]。由此我们认为，无论是

---

① 科尔伯格. 道德发展心理学 道德阶段的本质与确证 [M]. 郭本禹等，译. 上海：华东师范大学出版社，2004.

② 科尔伯格. 道德发展心理学 道德阶段的本质与确证 [M]. 郭本禹等，译. 上海：华东师范大学出版社，2004.

孟子还是科尔伯格关于道德的阐释，都表明道德的最高阶段都只是一种理想，是对于人类道德发展的一种期望和引导。就此而言，道德成熟论的三个层次是能够成立的。

第三，道德成熟论的三个层次之间有着怎样的内在关联？我们说，相比于道德发展论的四个基本特征而言，孟子并没有对道德成熟论的各个层次加以明确规定，无论处于何种阶段，人们似乎都只有一个共同任务，即培养德行或者为德行的实现提供支撑。因此，通常所认为的不同阶段实际上更像是同一过程的不同维度。而且，这种结构在理论上并不具有不可逆性，人既可以从"禽兽"上升为君子，也可能从君子堕落为"禽兽"。上升的路和下降的路乃是同一条路。但从另一个角度，我们也可以说，道德成熟论的意旨或许并不是对道德认知进行的阶段划分，而是对道德境界进行的高下分判。因为，对孟子而言，道德成熟的关键不在于"知"，而在于"行"。孟子力倡"去利怀义""舍生取义"的原因不在于前者不重要，而是为了表明，正是在这种极端的道德困境中，选择才彰显出境界，人、禽方由此而判分，故不得不慎重。同样，在知行关系的问题上，科尔伯格通过大量实证发现，道德认知与道德实践之间常常呈现出正相关性，但二者之间并非必然一致，知善也并不必然导致行善。在知行之间，道德判断起到了关键作用。"我们认为，道德判断所提供的两种心理功能乃是道德行动的必要条件。第一种是道义决策功能，即对什么是正当的判断；第二种是善始善终功能，即按照一个人判断为正当的来行动的责任判断。"[①] 总之，在孟子那里，道德成熟

---

① 科尔伯格．道德发展心理学 道德阶段的本质与确证 [M]．郭本禹等，译．上海：华东师范大学出版社，2004.

论的各个层次之间虽然可逆，但正是这种可逆性才成为评判道德境界高下的试金石。《孟子》一书之所以能对中国古代人的高洁品行产生如此大的影响，部分原因正在于此。因此，从道德境界的意义上来说，道德成熟论仍具有层级之分，层级越高，境界就越高，道德也就越成熟。从自然道德到自律道德再到自由道德，道德境界便体现为后者对前者的整合与超越。只不过，在科尔伯格那里，道德结构的层级整合属于智性范畴，它以逻辑运算和认知推理为基础和依据，而在孟子这里，道德层级的整合属于境界范畴，它以道德德行的完善和超越为旨归。

孟子和科尔伯格之间的这场"对话"为我们重新审视儒家的道德理论提供了良好的契机。孟子的"性善论"虽然无法得到现代心理学的证实，但并非毫无意义。人性善的总体设定依然可以作为一种伦理理想在人类的道德实践中发挥范导作用。道德成熟论虽然不同于道德发展论，但二者之间的对话却为我们揭示了道德成长的两个重要维度——情感和理性。在道德实践中，情感体验与理性整合之间也并非彼此排斥，而是相互交融，并在实际上构成道德发展的必要条件。与此同时，二者之间这种想象性对话也为我们反思当代的道德教育提供了一些重要借鉴。

首先，无论在何种社会，心智的成熟乃是个体道德进步的必要前提。自律是道德的前提，但自律不可能仅仅通过意识形态的教化得以形成。相反，它是一个积极建构的过程，涉及孟子所说的对于共同道德准则的自觉和反思，或者如科尔伯格所表明的，涉及通过学习和经验来发展一个人的道德判断和认知。其次，道德教育必须注重建构良好的集体和社会环境。由于个体的道德认同是通过与他人的相互交往而得以确立的，因此，环境对于个体道德的发展具有至关重要的作用。在孟子看来，恶的产生往往与不良环境对善的遮蔽有关。科尔伯格虽然并不认为外在环境能对儿童的道德发展产生决定性的影响，但他也相信，在公正的团体生活中，一个人能够更有效地培养起言行一致、知行合一的道德品质。最后，现代的道德创新应当以一种更为开放的心态和视野来容纳古今中外的思想资源。我们说，道德创新是一个涉及民族命运的重大课题，而这种创新对于转型时期的中国而言，又有着格外重要的实践意义。孟子的道德成熟论虽然构成了道德中国的历史底色，但科尔伯格的道德发展论以实验心理学为基础，又指示着道德进步的时代特征。在此背景下，如何有效地吸收和借鉴古今中外的优秀道德资源以推动中国伦理的时代创新，便成为历史赋予我们的重要使命。

"道德教育"强调教育的道德内容，"道德的教育"强调教育的道德本性，二者既有联系又有区别。在现实生活中，人们受到动机论和效果论道德评价模式的影响，没有把道德教育看作一个完整的过程，忽视了道德教育的手段和方式，把"道德教育"简单地等同于"道德的教育"，结果使得"道德教育"往往变成了"不道德的教育"。为了杜绝这种现象的发生，"道德教育"必须自觉地走向"道德的教育"，克服道德教育中的不道德性。

在现代社会里，由于各种不道德现象频繁地冲击道德的底线，拷问人们的道德良知，因此人们都希望重树道德的权威，塑造道德的人格，促进社会风气的好转。正是在这种道德愿望的感召之下，道德教育才越来越受重视。不过，在笔者看来，当人们热衷于道德教育的时候，却没有认真地思考道德教育的道德性问题，也即"道德教育"是否就是"道德的教育"，结果道德教育往往事与愿违，无法取得预期的效果。

四、"道德教育"与"道德的教育"的区分

在现实生活中，人们似乎很少注意"道德教育"与"道德的教育"之间的区别，也不会对二者加以严格区分，而是理所当然地认为，"道德教育"必然就是"道德的教育"，即使是那些专门从事道德教育的工作者和研究者也不例外。虽然从本质要求上，"道德教育"确实是"道德的教育"，但是实际上，二者之间还存在着巨大的差别。

道德教育具有广义和狭义之分。广义的道德教育，泛指一切能够对人们的道德观念和道德行为产生教育意义或影响的社会实践活动。像家庭、学校和社会所开展的各种道德教育活动、社会公益活动等，由于都会对人们的思想观念和行为产生道德上的影响，所以都可以被纳入到道德教育的范围中来。如赫尔巴特说过："我们可以将教育唯一的任务和全部的任务概括为这样一个概念——'道德'。道德，普遍地被认为是人类的最高目标，因此也是教育的最高目标。谁否认了这一点，谁肯定并不真正知道何为道德，至少他在这里没有发言权。"① 在这里，赫尔巴特实际上就强调了所有的学校教育活动都必须对受教育者发挥道德方面的影响，都必须为提高受教育者的道德水平服务，从而将所有的教育活动都看作一种广义的道德教育活动。不过在现实生活中，人们通常是在狭义上来使用道德教育概念的。道德教育通常是被看作学校所开展的、以提升学生道德水平为目标的一种系统的教育活动。这种学校教育活动具有强烈的道德相关性，其所期待的目标、其所传授的内容都与道德直接相关。

按照学者们的解释，"道德教育是指依据一定的目的，在遵循教育规律

---

① 李其龙. 赫尔巴特文集 教育学卷 2[M]. 郭官义等，译. 杭州：浙江教育出版社，2002.

的基础上，对人们进行的有组织、有目的地施加系统道德影响的道德活动"①。由此可见，"道德教育"主要强调两个方面。第一，"依据一定的目的"。这个"目的"是一种道德的目的，它包含了培养道德人格、塑造内在道德品质、形成外在道德风尚等诸多方面，而其核心则在于道德人格的养成，所以罗国杰说，"道德教育过程，应当与人们道德人格的形成和完善过程相一致"②。第二，"施加系统道德影响的道德活动"。"影响"主要包括知、情、意、行等各个方面，这些影响的产生都需要依赖于系统的教育活动。因此，学校通过课堂讲授、课外实践等各种形式的道德教育活动，对受教育者施加系统的道德影响，提高他们的道德认识、陶冶他们的道德情操、锤炼他们的道德意志、帮助他们确立道德信念、促使他们付诸道德行动、最终帮助他们养成道德习惯。从这里我们可以看出，"施加道德影响的道德活动"是服务于道德人格培养这样一个特殊的"目的"的，也就是说，前者是服务于后者的手段，前者受后者支配，而后者依赖于前者来实现。简而言之，道德教育就是一种以塑造道德人格为目标、以道德作为教育内容的教育活动。本节中的"道德教育"主要在狭义上使用。

"道德的教育"与"道德教育"从构词上看，在于有无"的"的区别，因此，为了弄清两者的差别到底在哪里，有必要先弄清这个"的"的含义。按照《汉语大字典》③的解释，"的"具有多重含义，而与这里比较接近的应该有以下两种解释：第一，"用在定语后，表示修饰关系，如铁的纪律；新的生活"。第二，"表示领属关系，如我的母亲"。在第一种含义中，"的"之前的字词

---

① 桂泽发. 富贵论 端正富贵态度开启幸福人生 [M]. 上海：上海三联书店，2021.

② 罗国杰. 当代中国职业道德建设 [M]. 北京：企业管理出版社，1994.

③ 宛志文. 汉语大字典 [M]. 武汉：崇文书局，2020.

用来形容"的"之后的字词所指代事物的属性或特点，在这个结构中，其重心在"的"之后的词上。如生活可以有不同的样式，既有新的生活，也有旧的生活；既有好的生活，也有坏的生活。但不管如何，它们都属于生活的范围，只不过他们在性质上有所差异而已。在第二种含义中，词语结构的重心在"的"之前的字词上，后者构成了前者所有关系结构中的一种关系，如我的爸爸，学生等，这些关系都是属于"我的"，都围绕"我"而展开。如果从领属关系的意义上来理解"道德的教育"，与它相应的就有数学的教育、物理的教育、化学的教育等，因此，"道德的教育"实际上就是"道德教育"。从语言简洁性的角度来看，这种用词方式就显得过于啰唆，因此，在现实生活中，人们在表示此含义的时候都会用"道德教育"，而不用"道德的教育"。既然"道德的教育"中的"的"不是采用第二种意义，那么它只能是第一种意义。也就是说，在"道德的教育"一短语中，"道德"是被用来修饰、形容"教育"的，"道德"表示"教育"的一种特点或属性，也就是这个"教育"是"道德的教育"，而不是"不道德的教育"，因此，与"道德的教育"相对的不再是数学的教育、物理的教育等，而是"不道德的教育"。

"道德教育"与"道德的教育"之间存在着严格的区别：前者强调的是教育的目的和内容；后者强调的是教育的特征和属性。目的、内容与特征属性之间当然会存在着一致性，但是这种一致性是就应然性而言的，目的和内容的高尚性、道德性决定了道德教育活动本身也应该是高尚的、道德的。然而，应然性并不能简单地等同于现实性，实现从应然到现实的跨越还有一段漫长的道路要走，在行走过程中就有可能会偏离目标，从而使得特征和属性发生变化。不过在现实中，人们似乎不愿意做此分析，而是简单化地认为，"道德教育"就是"道德的教育"，忽视了"道德教育"变成"不道德的教育"的可能性，对于道德教育中不道德现象的发生疏于防范，从而不能有效地防止"道德教育"变成"不道德的教育"。

五、"道德教育"与"道德的教育"的混同

人们之所以把"道德教育"混同于"道德的教育"，或者说，人们之所以认为"道德教育"就是"道德的教育"，除了二者字面上的相近性之外，更为重要的还是与人们心目中所尊崇的伦理道德观念有关。

在人类历史上，对于行为的道德评价方式主要有两种：一是动机论，认为衡量一个行为的道德性质及其价值主要依据行为的动机。二是效果论，认为应当从效果而非动机出发来衡量行为的道德价值。在马克思主义看来，动机论与效果论都只抓住了行为的某一极，因而都是片面的，为了正确衡量一个行为的道德价值，就必须坚持动机与效果的辩证统一，"唯心论者是强调动机否认效果的，机械唯物论是强调效果否认动机的，我们和这两者相反，我们是辩证唯物主义的动机和效果的统一论者"[①]。这里的"辩证统一"不仅是指我们既要考察行为动机，又要考察行为的实际效果，而且是指我们要把行为作为一个包含动机与效果的整体，我们要从动机到效果的完整过程出发对行为做出道德评价。虽然中国哲学比较推崇中庸，希望凡事不要走极端，能够在两个极端之间找到合适的中点，从而实现两极之间的有效融合，然而在现实中，中国人往往会偏离中庸之道，无所不用其极。譬如在中国历史上，以"四书五经"为代表的经典伦理主要是推崇动机论的，

---

① 马克思，恩格斯. 马克思恩格斯文集 [M]. 北京：人民出版社，2009.

这在社会精英阶层当中被遵循；以《增广贤文》等通俗读物为代表的世俗伦理则推崇效果论，这被普通民众所广泛遵循。虽然当前中国已经实现了从传统到现代的转变，指导思想也由儒学变成了马克思主义，但是中国人的道德心理并未从深厚的历史传统中摆脱出来，中国人仍然习惯于用动机论或效果论来对行为进行道德评价。

正如前文所言，行为展开为一个完整的过程，动机与效果不过是一个完整行为过程的两个端点而已，而这两个端点之间还包含着行为的手段、行为的方式等诸多方面的内容，而正是这些内容才将动机与效果有机地结合起来，使动机不至于成为纯粹的思想观念，而是展现为现实，产生出实际的社会效果。然而执着于动机论或效果论，都忽视了这样一个重要的中间环节。动机论并不讲究行为手段和行为方式，认为它们是服务于效果的，而实际效果对于动机论来说并不重要，因为坚持"只有出于责任的行为才具有道德价值"①"一个出于责任的行为，其道德价值不取决于它所要实现的意图，而取决于它所被规定的准则。从而，它不依赖于行为对象的实现"②。效果论则重视目的的实现，为了实现目的就会不择手段，因此只要能够实现目的，什么手段都可以使用，"效果论过分强调了善的后果的重要性，因此隐含着这样的可能，即任何行为，不论怎样不道德，只要能带来最好的后果，就可证明其合理性"③。

这种伦理道德观念，不仅体现在对日常行为的道德评价上，同样也在道德教育当中得到了印证，那就是把"道德教育"直接等同于"道德的教育"。

① 康德．道德形而上学原理[M]．苗力田，译．上海：上海人民出版社，2012.
② 康德．道德形而上学原理[M]．苗力田，译．上海：上海人民出版社，2012.
③ 康德．道德形而上学原理[M]．苗力田，译．上海：上海人民出版社，2012.

对于教师来说，教书育人既是一项职业，也是一项事业，因此每个人都抱着善意来从事教育工作，都希望自己的学生能够成人成才，因此，从动机上来说，"道德教育"就是"道德的教育"。成人这个目标具有模糊性，在当今中国的教育中并不为人所重视，人们更多是把成人等同于成才，认为一个学生成才了就是成人了，而成才的标志就是学好课本知识、考上理想的大学、找到理想的工作。在这样一种成才观念的指引下，部分教师拼命追求成才的效果，道德教育就变成了知识教育，部分教师要想方设法、不择手段地去提高学生应付考试、获取高分的能力，只要学生成才了，"道德教育"自然就是"道德的教育"。实际上，在这两种道德观念的指导下，道德教育实际上存在着沦为不道德教育的危险。在这两种观念的指导下，教师只关注了道德教育的起点和终点，没有充分考虑教育手段和教育方式的道德性，从而在道德教育过程中，为了追求所谓的良好目的，采取了一些非道德甚至是反道德的教育手段和方式。譬如，在传统道德教育中，由于道德教育被混同于知识教育，因而教师普遍采用的都是灌输式或独白式的道德教育方式。在传统独白式的道德教育中，有的教师采取了苛责、鞭打、罚站等不道德的处罚手段，独白式道德教育本身就是对于学生的一种压迫与奴役，它本身就是建立在师生地位严重不平等的基础之上的，因为在此过程中，教师与学生之间是绝对的主客体对立关系，"教师在学生面前是以必要的对立面出现的。教师认为学生的无知是绝对的。教师以此来证实自身存在的合理性。类似于黑格尔辩证法中被异化的如奴隶般的学生，他们接受自己是无知的说法，以证明教师存在的合理性。但与黑格尔辩证法中的那位奴隶不同,他们绝不会发现他们同时也在教育教师。"① 因此,保罗·弗莱雷把独白式教育模式称为"压迫者教育学",可见这种教育模式与现代社会的道德要求背道而驰。

在现实教学过程中,有些教师全然不顾学生和社会的实际情况,只管以纯洁高远的道德理想来教育学生,从而使道德教育沦为虚伪说教,让学生感到道德教育与现实背道而驰,道德教育不过是睁着眼睛说瞎话;有些教师为了所谓的教育效果——高分与升学率,在教学过程中采用高压政策,甚至动用罚抄作业、罚站等变相体罚等不道德的方式和手段,逼迫学生死记硬背道德知识,然而并没有让学生感受到道德教育的道德性。因而,"道德教育"与"道德的教育"混同的结果,并不是"道德教育"变成了"道德的教育",而是"道德的教育"被"道德教育"所取代,而"道德教育"又恰恰变成了"不道德的教育"。

六、"道德教育"走向"道德的教育"

"道德教育"是一种教育活动,而"道德的教育"是对教育活动的定性。如果从本性上说,所有学校的教育活动都应该具有道德的性质,而这对于道德教育尤其重要,最理想的"道德教育"就应该是一种"道德的教育","道德的教育"应该是"道德教育"的本性要求。因为道德教育不是知识教育,在知识教育的过程中,教师是以一种超然物外的姿态来讲授客观知识的。也就是说,学生不会将教师所讲授的知识和教师本人联系起来,不会用教师所讲授的知识来对教师本人提出要求,因为在此过程中,教师与学生都是以理性的态度来共同面对科学上的"是"而非道德上的"应该",他们都

---

① 单中惠,朱镜人.20世纪外国教育经典导读[M].济南:山东教育出版社,2018.

不会对对方提出道德上的要求。道德教育与知识教育不同，道德教育不仅要教会学生是什么、为什么，更要教会学生应该做什么、怎么做，因此道德教育不仅是讲理的，而且它所讲之理最终要用来指导行动，要在行动中得到落实。这也就是说，教师在对学生进行道德教育的时候，实际上，教师不仅是在讲授客观的知识，而且也是在为学生颁布行为的法则，教师所传授的道德知识就是学生在现实生活中应该遵循的道德法则。

既然道德教育不仅是一种知识传授，同时也是对学生提出的一种行为要求，那么教师的所作所为就必然会对学生产生至关重要的影响。如果教师仅仅对学生提出种种道德要求，而自己又在教学中公然违背这些道德要求，那么只会增强学生的反感，认为道德是强者对于弱者的要求，而强者是不用遵守道德的，由于每个人都趋向成为强者，所以道德可以被弃之不顾。相反，如果教师在教学过程中以身作则，用自己的实际行动来践行自己所传授的道德内容，按照道德法则的要求来开展道德教育，真正把"道德教育"变成"道德的教育"，那么，这个教师就有亲和性，这个道德教育就有感召力，学生才会真正"亲其师"而"信其道"。像孔子作为教育家，之所以追随者甚众，而且培养出了大量志行高洁之士，就是因为他在开展仁义教育过程中以身作则，严格要求自己，做到了"学而不厌，诲人不倦"，赢得了学生的尊重和爱戴，从而为学生树立了效仿的榜样。既然"道德教育"的道德性对于提升道德教育的实效性、对于把学生培养为道德之人如此重要，那么，"道德教育"就应该走向"道德的教育"。为了加速"道德教育"走向"道德的教育"，就必须对道德教育进行调整。

第一，纠正"道德教育"就是"道德的教育"的错误看法，主动寻找二者产生偏离的根源。"道德教育"从本性上说，确实应该是"道德的教育"，这也就是说，"道德的教育"不过是"道德教育"的应然状态。然而问题在于，应然状态是一种理想的状态，是一种追求的目标，但它并不是"道德教育"的实然状态。在现实中，"道德教育"既有合于应然要求而成为"道德的教育"的情况，但是也不排除存在"道德教育"偏离应然要求而成为"不道德的教育"的状况。像在日常的道德教育过程中，不仅大量存在教师不尊重学生的情况，就连责骂、罚站、罚抄等变相体罚学生的情况也是屡见不鲜，可见，在这种状态之中，"道德教育"与"道德的教育"还存在巨大的鸿沟，没有达到真正的统一。只有所有从事道德教育的工作者意识到了二者之间的差别，我们才能有意识地去寻找二者之间产生偏离的根源，才能杜绝这种偏离的滋生蔓延，促进二者走向统一。

第二，抛弃只重动机或效果的两极化道德评价模式，注重道德教育过程的完整评价。对于某一行为来说，动机与效果虽具有至关重要的影响作用，但是它绝不具有绝对的决定性。因为，动机与效果不过是行为的两极，它在一个漫长的行为过程中，只不过是其中极小的组成部分。所以，它们无法完全决定行为的道德性质，对一个行为进行道德评价，需要我们考察行为的完整过程。在评价道德教育过程中，不仅要关注道德教育的动机和道德教育的效果，同样要关注道德教育的手段和方式，否则我们就无法保证"道德教育"是真正的"道德的教育"。这也就意味着，我们对于道德教育要采取动态的道德评价机制，对于道德教育进行道德评估的时候，就不仅要审查教育者的动机和受教育者的实际后果，更要审查道德教育工作者在道德教育各个阶段所采取的教育手段和教育方式，从而防止道德教育各个阶段和各个环节偏离"道德的教育"的本性要求。作为道德教育工作者，则要严格按照这种道德评价的要求，完善整个道德教育过程，以免出现不道德的教育手段和方式。

第三，在关注道德教育过程道德性的同时，促进道德教育环境的道德化。道德教育不是在真空中完成的，道德教育必然处于各种具体的社会环境之中，而道德教育的实效性也就会受到这些具体社会环境的影响。像荀子说，"蓬生麻中，不扶而直；白沙在涅，与之俱黑。兰槐之根是为芷，其渐之潃，君子不近，庶人不服。其质非不美也，所渐者然也。故君子居必择乡，游必就士，所以防邪辟而近中正也"①，就是强调环境对于道德教育的重要影响作用。实际上环境不仅影响道德教育的效果，而且也会影响道德教育活动本身。一个长期生活于具有高尚道德氛围中的教育工作者，那么他也会采取更加道德的方式和手段来开展道德教育，而那些生活于暴力和专制横行环境中的教育工作者也会受到影响，难免会采取一些暴力的手段和专制的教育方式。正是出于这一点，杜威强调，道德的教育的出发点和归宿不是受教育者而是环境，构建一个道德的学校教育环境乃是道德教育的重点；内尔·诺丁斯则强调，完美的道德教育并非道德教育这门课程本身，而是学校内部所有的教育活动、所有的人和事都是道德的，因为只有在这样的环境中，人们才能感受到道德的温暖和力量，人们才会自觉自愿地去做一个道德的人，道德教育才能真正发挥润物无声的效果。

反观现实，我们的"道德教育"离"道德的教育"还有比较远的距离，还远远没有达到"道德的教育"的要求。为了缩短二者之间的距离，促使"道

---

① 出自《荀子·劝学》。

德教育"变成"道德的教育",从而提高道德教育的感召力和实效性,我们还需要付出艰辛的努力。虽然沿途充满荆棘,但是只要我们坚持不懈,就必然能够到达终点。

第六章　人文素质教育的价值与功能

人文素质教育的重要作用，源自对其教育对象未来角色作用的预知把握，更受制于社会经济、政治、文化发展对人才的需求期待。人文素质的社会期望值通常与其所受的教育程度成正比，而作为高等教育的着力点之一，培养良好的人文素质，对社会发展有着深层的建构意义。对个体，它是成人成才的前提；对社会，具有培育文化自觉意识等方面的功能。因此，明确人文素质教育的地位，探究人文素质教育的价值，发现人文素质教育的功能，是在开展人文素质教育之前必须弄清楚的理论前提。

第一节　人文素质教育的个体价值

从根本上来说，人文素质教育和人的尊严确立有关，它是人类在安身立命过程中对自身价值的发现和肯定，再辅以艺术修养、人格气质和文化行为等形式呈现。因此，从教育的角度来说，人文素质教育区别于单纯知识性和技能性教育，在塑造人格方面，具有直接为教育服务的性质。在人文素质教育的推广中，目前更多的是以通识教育的方式进行，使得人文素质和通识教育之间具有通约性。在这一点上，东西方是比较相似的。自古以来，在中国，以儒家思想为核心的人的教育就极其重视通识教育或者说人文素质教育，其教育目的是为社会培育大量的官员后备军，为国家意识形态服务。著名的哈钦斯理念便是美国现代大学在历史转轨期形成的，这一理念在现在已经成为经典，并贯穿在美国各个大学之中。二战期间哈佛大学校长科南指出："无论在信息时代可以获取多少信息，无论在技术时代发展多少专业技术，无论数学、物理、生物科学如何发达，无论可以掌握多少外国语言，所有这些都加起来仍然不足以提供一个真正充分的教育基础。因为所有这些都加在一起仍然没有触及最基本的问题：什么是'我们（美国）的文化模式'，或什么是'传统形成的智慧'。"① 科南提出："现代通识教育的核心问题是继承西方古典的人文教育传统，关注的是'如果我们的文明要保存'而必须考虑的最基本问题。"② 从这里可以清晰地看到，美国的通识教育实际上是为"美国意识"服务的，它的目的就是要打造以"美国文化"为核心的课程体系，自觉地承担为美国现代社会奠定共同文化基础的责任。因此，从西方现代大学的建立来看，人文素质教育的地位非常重要，它直接与教育目的联系在一起。

从历史的角度来说，人文精神主要源于西方文艺复兴时期，它和人文学科密切相关，文艺复兴时期的人文精神实际上是反对神学的一统天下；从教育的角度来说，人文教育随着资本主义的发展有逐渐式微的迹象，特别是随着职业化教育的发展，人文精神逐渐被边缘化，资本的大肆横行、拜金主义和商业利益的无处不在，使得西方也面临着人文精神的沦落。随着

---

① 甘阳，陈来，苏力. 中国大学的人文教育 [M]. 北京：生活·读书·新知三联书店，2006.
② 甘阳，陈来，苏力. 中国大学的人文教育 [M]. 北京：生活·读书·新知三联书店，2006.

现代化进程在我国的推进，当前人文教育的提出一方面是基于职业化教育对人文精神的淡漠，另一方面是社会道德转型，特别是资本对人文精神的挑战，这是人文素质教育引起思索的主要原因。所以从地位角度来说，人文素质教育与国家政治的关系密切相关。

其实，人文素质教育具有一种社会基础建构的意义，它还是倾向于社会人的基本素质的培养。因为人文素质教育与国家人才培养是相关联的：人文素质教育与国家教育方针的指向是一致的；人文素质教育与国家人才需求预期是契合的；人文素质教育对建设和谐社会的作用是积极正面的。这几方面关系的妥善处理，是人文素质教育的相关教育者在特定时代语境中必须特别注意的。因为从来就没有脱离特定时代语境的人文素质教育。同样，反过来说，任何一个时代的主流意识形态，也必然要求其人文素质教育与其意识形态相协调，这是思考这一问题时的前提，即时代语境要求。简单地说，人文素质教育离不开历史实践的具体面貌，从来没有抽象的人文素质教育，它与国家意识形态之间有着密不可分的关系，从而成为国家教育方针的一个重要构成方面，体现着国家意志。对国家意识形态建设来说，人文素质教育具有基础性的建构意义。

总而言之，人文素质教育的地位不仅在学术和文化上很重要，而且从政治角度来认识也非常重要，它直接关系到国家和民族精神的建构问题。当然，与国家意识形态密切相关的人文素质教育最终还必须落实在个体层面上，回答人文素质教育的个体价值问题。

一、成人的要素

马克思在《共产党宣言》中提出了未来社会建构"完整的人"的观点，他阐释出作为人类的理想，自我建构的完整性是成人的目标之一。其实人文素质教育的目标亦在于此。从中国传统文化来看，也重视人的全面发展和完善。儒家士人的塑造，早在孔子那里，便以"君子"人格为核心来构建全面发展的人，特别是其中的"六艺"，实际上便与今天所说的"素质"教育内容有异曲同工之妙。

在中华民族几千年来的文化积淀中，儒家倡导的人格理想极具人文价值，这集中体现在儒家士人人格的塑造上。翻开《论语》，随处可以见到这样的箴言隽语："君子食无求饱，居无求安，敏于事而慎于言，就有道而正焉，好学也已。""君子喻于义，小人喻于利。""君子欲讷于言而敏于行。""君子坦荡荡，小人长戚戚。""士不可以不弘毅，任重而道远。""君子成人之美，不成人之恶；小人反是。""君子忧道不忧贫。""不知命，无以为君子也；不知礼，无以立也；不知言，无以知人也。"在这些言论中，孔子实际上提出了儒家士人"成人"教育的内容。儒家士人人格的塑造，是孔子儒学思想的重要部分。作为国家管理的主体，对"君子"人格的要求是《论语》一书中的主要内容，"为人之道"与"为政之道""为学之道"共同构成了"论语三义"。其中，"为人之道"关乎主体人格的培养，是其他两义的承担者，具有更重要的作用。用今天的话来说，《论语》是一部关乎治国的书，它给出了书里面治国的主体"士人"君子该如何塑造自己的内容、方法和相关要求。而这些要求中，除了具体的策略外，大部分都是一种人文素质的内容，比如"仁""礼""诚"，这些范畴要求的都不是一般的技巧和技能，而是深层的人心塑造。由此可见，中国持续两千多年的儒家文化，就是典型的人文素质教育，即和"成人"教育相关。

儒家文化的末期，面临诸多的挑战，当西方外域文明侵入中华大地的时候，这种思想还是一以贯之的。1902年，清政府颁布了《钦定京师大学堂章程》，其中有"端正趋向，造就通才为全学之纲领"的规定。1906年，又在此基础上具体提出了"忠君、尊孔、尚公、尚武、尚实"等五项高等教育的宗旨。这些要求实际上还是对人的塑造要求，即塑造"上足爱国，下足立身"的人才。民国初立，蔡元培先生提出的教育宗旨中指出"注重道德教育，以实利教育、军国民教育辅之，更以美感教育完成其道德"。①

可以说，此前的教育方针，通识教育或素质教育的目标，大体上都指向成人教育。

部分人曾把人文素质教育缺乏的原因归于专业越来越细化以及现代化进程中人类的工具化。从教育内容安排的角度来看，应当说这种判断是有道理的，但是仍不全面。因为教育内容是和教育方针密切相关的。我国的教育方针一直都是"培养社会主义接班人"，这一教育方针以及教育目的就基本决定了教育内容。但由于实践中的偏差，使得在培养了一大批优秀可靠的接班人的同时，也出现了一些惰于思考、行为不端的人。从某种意义上说，这种教育实践培养的不是独立的人，而是格式化的人。随着经济禁锢的打破、政治环境的宽容和自我意识被唤醒，人们开始思考真正的"成人"

---

① 冯克诚. 戊戌维新和辛亥革命时期教育思想与论著选读 [M]. 北京: 人民武警出版社，2011.

教育。但教育的发展需要长期的积累，经济的触角并不会舍弃教育这一块肥地。随着教育产业化以及高校扩招，大学本科教育实际上已经变成了普及化教育。在这个过程中，高等教育和就业的强匹配关系，使得一些学校出于功利性目的，在成人教育方面越来越单一和贫乏，专门化和技术化倾向越来越突出。自20世纪末开始，中国社会道德和素养的现状、世界性的人文浪潮，重新触动素质教育问题，成人教育回归教育研讨的前沿。这说明，在国家总体教育目的的设计上，"成人"教育始终是不可或缺的要素；教育的目的首先是为人，而不是把人塑造成技术或者政治的工具。

"成人"教育之所以如此重要，是因为它和个人完整的人格形成有关。朱自清说："教育有改善人心的使命。"① 他认为，如果学校太"重视学业，忽略了做人"，"学校"就成了"学店"，教育就成了"跛的教育"，而"跛的教育是不能远行的"。所以，"教育者须先有健全的人格，而且对于教育，须有坚贞的信仰，如宗教信徒一般"。② 冯友兰在忆述清华时也说："1928年后清华还提倡所谓'通才教育'，这在当时也有一定的影响。当时的想法是，大学，特别是其中的文法科，首先要把学生培养成全面发展的'人'，其次才是成为某一方面的专家。实现'通才教育'的具体措施是，着重所谓公共必修课，主要的是文学、语言的训练和历史及一般文化的知识。在文学院，第一学年的课程，各系都是一样。到第二年才逐渐分系。到第三、第四年，各系的课程才完全分开。这对于学生的所谓'基本功'的训练，有一定的好处。"③ 在这个回忆中，也看到了历史上各大家对人文素质教育的关注。

---

① 朱自清.朱自清全集 [M].华威国际事业有限公司，2018.
② 傅国涌.过去的中学 [M].北京：同心出版社，2012.
③ 冯友兰.冯友兰文集 第3卷 [M].长春：长春出版社，2008.

二、明辨的前提

明辨是"成人"的理性要求，符合当代的时代特点。但是随着时代的变化，明辨的内容也在变化。在中国传统文化中，明辨是非是和封建的伦理道德相关的；而在西方，明辨和资本主义文明密不可分。不同的语境会造成人们判断是非的不同标准。然而当代中国正处于历史拐点之时，明确明辨能力的重要性及其在人文素质教育中的重要地位，是非常必要的。

为什么"成人"教育中需要人文素质元素呢？可以以清华大学刘海洋"伤熊"的事件进行分析。2002 年，清华大学学生刘海洋以"为了测试熊的嗅觉"为由将硫酸泼向北京动物园的 5 只熊，随即被西城区公安分局拘留。这件事发生之后，引起了强烈反响。清华大学学生会向动物园捐款 11 127.74 元，并发出公开信："对于身边的同学做出这样影响恶劣、后果严重的事情，我们更感到十分气愤。这名同学的所作所为，完全背离了我们清华大学广大学生培养高尚道德、保护自然的共识和实践。我们坚决支持有关部门和学校对这名同学依法做出严肃处理。"①

面对媒体的采访，刘海洋的母亲说："刘海洋的大学同学刚刚从我这里离开，他们力劝我不要再见任何记者。我在一个星期之内，学会了无数专业术语，比如单亲家庭带来的偏差、忽略情感教育等——这都是各个媒体教给我的。自从孩子出事，我不断地在接待记者，三四个小时地录制电视，每晚闹腾到一两点钟。刘海洋的事情对谁都是一次机会，谁都不想错过。"②

事实上，各种舆论对刘海洋行为的解释成为一个难题，诸如"这是一

---

① 刘宏伟，廉清 . 思想道德修养教学案例 [M]. 北京：中国人民大学出版社 ,2004.
② 刘宏伟，廉清 . 思想道德修养教学案例 [M]. 北京：中国人民大学出版社 ,2004.

个小学生都知道不能做的事……如果说好奇心强，怎么不找只小白鼠？"北京安定医院的著名精神分析专家杨蕴萍则判断"这是一次攻击性的侵犯行为，选择的则是一个安全的对象——关在笼子里的熊。作为一个被束缚压抑的个体，往往会选择极端的方式反叛"。心理测试专家武伯欣认为："刘海洋生活在一个残缺家庭，客观上使得他更加关注像小动物这样柔弱的事物，关注疼痛，这是他单亲家庭背景的动机外显。他的伤熊行为是积极主动的，他的意识清醒，心理指向也较清晰，但是他的动机，明显属于游乐性动机，可能是好奇越轨。"① 而刘海洋曾就读的中关村中学一位老师则一语中的："大家都在想——我们的教育失去了什么？"

从调查中可以看到，刘海洋的单亲家庭和中学时的应试教育对他的综合能力和人格塑造缺乏积极的影响，刘海洋的辅导员对他并没有什么特别的印象，只是觉得刘海洋自觉性强，让人放心。"我们做学生工作，主要是'抓两头、促中间'，对天才学生和学习后进者关注得比较多，对生活特别困难和情绪不稳定者付出的精力多。但我们一直都认为刘海洋属于中间，属于正常的大多数。"②

曹海翔说："如果说过失的话，我们对于生活、学习等显性的问题关注很高，对内心隐秘的危机察觉不够，平时倾心的交流还是少了。但交流又是双方面的，而我们又都太忙……"③ 刘海洋的同学认为他们的生活都差不多，快乐不快乐很难说清，清华的学生都这么过。记者在清华时，史超华曾指着一位走过的同学说："他是我们班学习前几名，但一年不说几句话。

---

① 刘宏伟，廉清．思想道德修养教学案例 [M]．北京：中国人民大学出版社，2004.
② 刘宏伟，廉清．思想道德修养教学案例 [M]．北京：中国人民大学出版社，2004.
③ 刘宏伟，廉清．思想道德修养教学案例 [M]．北京：中国人民大学出版社，2004.

到我们宿舍来借电话卡从来不正大光明地讲，总是把人拉到一边悄悄地问。你说这正常吗？你说刘海洋生活单调，我们宿舍有个哥们，一学期出不了几次清华大门，他不单调？我敢说，在学校里比刘海洋'不正常'的太多了。"①在当时，清华大学教育研究所教授樊富珉与北京航空航天大学副教授王建中认为在大学中"有心理困扰症状的就非常多了，这些比例在所有大学都差不多"。除了心理健康外，"刘海洋"直接引发的另一个关注点则是学生的道德与人文素质教育。清华大学拥有 10 个学院，覆盖理学、工学、文学、历史学、哲学、经济学、管理学、法学、医学和艺术学等 10 个学科门类，但培养通识人才却非院系扩张那样可以立竿见影。当时，据记者采访，清华人文学院的董士伟老师最近刚刚处理完一起研究生打架纠纷，"实际上是小事，就是因为宿舍关灯问题，因为生活习惯不同最后竟然动起手了，闹到要换宿舍的地步。清华校领导一直都很重视全面的素质教育，但很多最基本的情感教育，都要大学来完成。"②一位教道德课的一线教师告诉记者，在他的课上 1/3 的学生用三角板画电路图，1/3 的背单词，认真听课的很少。"我们的道德教材和教育内容必须改革，比如讲腐败，我的很多学生是农村的，假期回一趟家，人生观就变了。"③清华大学素质教育中心去年曾经对学生的人文素质进行过一次调查。"我们出了一些题，问的都是一些基础知识，比如《论语》《淮南子》什么的。"④一位参与此项调研的老师说，"结果只能是'说得过去'，但程度很不平均，个别好的摆到文科也不在话下，但差的

---

① 刘宏伟，廉清.思想道德修养教学案例 [M].北京：中国人民大学出版社,2004.
② 刘宏伟，廉清.思想道德修养教学案例 [M].北京：中国人民大学出版社,2004.
③ 刘宏伟，廉清.思想道德修养教学案例 [M].北京：中国人民大学出版社,2004.
④ 刘宏伟，廉清.思想道德修养教学案例 [M].北京：中国人民大学出版社,2004.

又非常缺乏常识。"①除了马列党史课和道德课外，清华的学生要在4年里修完13个文史哲基础学分，思想文化研究所每个学期要开二三十门课，其中由历史文化和文学两个课组承担。"我并不想让一个学计算机的学生去记住秦始皇的出生年月日。"②董士伟希望用更活泼的形式来引起学生的注意力，他用多媒体演绎思想史的内容，组织学生考察北京四合院，去郊外寻找资源，"我对学生说，考试并不重要，重要的是你来听。很长时期以来，我们教的一直是文史知识，而不是培养人文素质。人文素质并不是会背几首诗、知道几个人名，说到底是完善人格，培育社会良心，培育对人类和民族的使命感，它是非功利的。"③

可见，单纯的知识理性教育对于把握人的发展完善这一课题是力不从心的，它把人培养成虽然精准却没有对准正确目标的机器。问题在于刘海洋本身也是受害者，真正的问题在哪里呢？也许并非他没有判断，而是他的判断出现了偏差，挑战了大众的善良底线甚至是人性的底线，究其原因，在这个事件中，他缺乏起码的明辨能力。

而好的人文素质教育则极具明辨功能。因为人文素质教育是从人的完整性出发的教育，因此更注重每个人在现实生活中，特别是在群体社会生活中的位置，更加强调"和谐人伦"的功能，它有助于提高人们的认识能力。在中国，孟子强调了"四端"："恻隐之心，仁之端也；羞恶之心，义之端也；辞让之心，礼之端也；是非之心，智之端也。""四端"之说实际上给人树立了基本的底线，能在两千多年里起到教化人心、醇化民风的作用。尽管

---

① 刘宏伟，廉清.思想道德修养教学案例[M].北京：中国人民大学出版社,2004.
② 刘宏伟，廉清.思想道德修养教学案例[M].北京：中国人民大学出版社,2004.
③ 刘宏伟，廉清.思想道德修养教学案例[M].北京：中国人民大学出版社,2004.

它并不完全适应今天的需要。

人文素质教育的目的不仅仅是对公德的常识性的认识，从更高的角度说是培养人具有思想的力量。明辨是非，来源于思想的力量。在现实中，人人都有彷徨时，文化的普遍倾向是对人的软弱之处进行"去蔽"或"遮蔽"，对生命的"无奈性"的思考以及由这种思考而来的对这种无奈的"论说"往往面对的都是"非体验"性的反驳。那些人类思想史上闪烁的群星，无不是在困境中挣扎的灵魂，他们发出的声音恰恰是对痛苦、无奈、不幸和困惑的挑战，恐惧和对不可知世界的迷惑是促使我们逃离黑暗的真正动力，正如柏拉图那个"洞穴"寓言——实际上，光明是在黑暗中诞生的。所以，应当给软弱、徘徊、犹豫、困惑、孤独、苦闷、恐惧以应有的空间，给懦弱和流泪以相当的宽容；从心理学的角度来讲，人类的情感应该是全面的，但是社会则有其主导倾向，因此在人和社会之间就出现了裂隙，这裂隙实际上就是一个空间，对这一空间的态度决定了社会的宽容度，决定了一个时代的气度。当一个时代能够尊重每一个具体的人的情感世界，而不是以道德或其他什么的名义随意地践踏个体的内心生活时，这个时代或这个世界应该是清澈的。这样的世界色彩斑斓，有急风暴雨，也有鸟语花香，那不应该仅仅是一个童话世界。在学术性的研究领域中，有一种研究应该是带有感情的研究，甚至似乎要与学术性拉开一定的距离才好。这种力量将是明辨是非的感性的力量、内在的力量。在学术或知识分子的身份思考中，真正的知识分子不仅仅是突破了专业领域的"权威"这一命名的限制，不仅仅是拥有社会关怀、政治参与的意识，而且还要在国家意识的宏大抱负中，前提性地加上一个重要元素——以个人的名义向理想出发，而不仅仅是某种观念的代言人。需要信奉的是：只要思想在，且拥有明辨是非的能力，人们就有足够的勇气从柏拉图的黑洞中逃离出来。这是柏拉图的悖论，却是人类的希望。

三、创新的基础

创新是引领世界的潮头，但并不是衡量人类幸福的尺度。人文素质教育的目标则是要使创新能够在"为人类谋求幸福"的尺度内开展。人文素质教育可以从技能上培训创新的基础能力，更要在智慧上使人懂得创新的意义，它可以给人以积极进取的人文精神和文史哲修养，激励人们不断创新。可以说，人文素质教育是激发人们创新的基础。

（1）人文素质水平是创新能力的标志，它为创新指明方向。因为人文素质的目的在于人类的幸福，而在自然科学领域，创新则是科学与技术的更新，这种更新必须以人类的幸福为目标。如果没有人文标杆，创新则容易走向褊狭。所以，只有单纯的科学研究是不行的，历史上，发明原子弹的美国科学家奥本海默晚年对此曾有过深深的忏悔，正说明人文素质的终极作用。在人类历史上，正是那些怀有幸福观念的科学家，为了人类更加幸福而去努力创造，面对神秘的自然和外在世界主动思考和研究发明，在他们心中，这样的幸福观念乃是创新的根本动力。

（2）依附人文素质的综合能力，是创新的前提。在人文素质基础上产生的综合能力包括合作精神、心理素质、情感力量等，都是创新必不可少的前提。科学的创新，要避免过于冷漠的情怀；不善于合作，也难以有重大的发明创造。当代的科学发展日新月异，仅仅靠个人的力量是远远不够的。

协调一个团队，共同完成一个目标，不仅需要知识，还需要集体意识和共同理想，需要情感的关怀和人性的同情、理解，在心理层面，更需要开阔的胸怀。在拥有自然知识的前提下，音乐、绘画和文学艺术等都有助于培养科学家的敏感性，掌握自然的奥秘。正像爱因斯坦拉小提琴一样，成为创新乐章中美妙的旋律。

（3）从国家和民族的角度来说，创新也需要民族情感和共同理想。任何一个人都无法脱离他生存的土壤，民族情感是千百年来源于血缘的内在积淀，是无法割舍掉的亲情所在，也是人之为人的精神命脉，它会成为强大的创新动力。而爱国情怀和民族情结是人文素质的重要内涵，它天然地成为人文素质教育对创新能力的前提要求和内容。我们所熟知的波兰裔科学家居里夫人，从青年时代就离开祖国，到法国求学。但是她一刻也没有忘记自己的祖国，并以自己的祖国命名她发现的化学元素，这无疑印证了人文素质教育的重要性。

（4）在个人修养层面，则需要注重道德素质，这是一个人最基本的素质。严格地说，它在儿童时期就应该要养成，比如"讲究卫生""遵守公共规则""交往的礼节"等就是公民必备的素质。智力素质，这是求知的能力，从知识的创新角度来说，基本的智力素质是必需的，它是一个人未来探索和研究的必要前提。这一素质包括一个人的智商、逻辑能力、语言表达能力、洞察力和艺术敏感力等。身心素质，即一个人的自然身体状况以及心理水平，在如今这个剧烈变化的时代，在某种意义上，心理素质甚至成为关键时刻的决定因素。现在很多大学有一个口号："每天锻炼一小时，努力工作五十年。"这个口号实际上揭示出了身体素质与创新之间的关系，身体是1，其他则是后面的 0，没有 1，多少 0 都是空的。劳动素质，也即实践能力。在创新面前，尤其是在技术创新面前，动手操作等实践能力尤为重要，它是一个人独立和健康发展的自然基础，也是创新的前提保障。审美素质，这是决定创新水平高低的一个要素，说到底，创新是为人服务的。所以，一定的审美素质是必需的。"德智体美劳"发展全面的人就是教育的目的之所在。当然，在大学阶段，人文素质教育还有一些比较具体而细微的目标。

关于创新的思考，一般来说还要注意：其一，创新不是一个绝对命令。不是什么事情加上创新两个字就具有合理性，以为有了创新就能解决任何问题。比如有些观念、认识和有些人的幸福则是以古朴为追求。这说明人文精神方面的幸福感和物质满足之间不是必然逻辑，而是应然逻辑，它和主体的心态有关。其二，创新不仅仅是技术层面的，它也包括精神领域的探索，特别是和人性密切相关的领域，也存在精神面貌的新体验；但是要特别注意的是这种体验必须和人类的幸福有关，那种以戕害人类幸福为代价的所谓新玩意、新武器、新方式，从严格的意义上说不属于创新的范畴，反而是需要人类去剔除和克服的。其三，创新的手段和技巧与人们的认识水平和实践空间有关。所以，创新的外部语境非常重要，甚至可以说，创新是由其外部的刺激出现的内部变化。

第二节　人文素质教育的社会价值

作为未来社会的接班人，大学生不仅担负着劳动者的责任，而且还担负着文化传承的责任。这就是大学生培养教育所具有的社会意义和社会价值。这种社会价值来源于和体现为社会需要。一个社会的稳定发展不仅来源于政治、经济的推动，而且来源于全体成员对这一社会的认同和参与程度。在个体与社会之间，社会成员的素质修养深层次地决定着个人与社会的和谐程度。因此，人文素质教育的社会意义也不言而喻。

从当代知识分子的角色地位来反思，已经由立法者的身份渐渐过渡到阐释者的角色，但是，公共知识分子的命名实际上还起着时代意识形态建构的作用。在西方，围绕文化传承和价值关怀，一直有关于"知识分子"身份的反思，齐格蒙·鲍曼在他的《立法者与阐释者》一书中的观点值得关注："'知识分子'一词在 20 世纪初刚被创造出来的时候，是为了重申并复兴知识分子在启蒙时代的社会核心地位，重申并复兴知识分子在启蒙时代的与知识的生产和传播相关的总体性关怀。'知识分子'一词是用来指称一个由不同的职业人士所构建的集合体，其中包括小说家、诗人、艺术家、新闻记者、科学家和其他一些公众人物，这些公众人物通过影响国民思想、塑造政治领袖的行为来直接干预政治过程，并将此看作他们的道德责任和共同权利。因此，'知识分子'一词乃是一声战斗的号召，它的声音穿透了在各种不同的专业和各种不同的文艺门类之间的森严壁垒，在它们的上空回荡着；这个词呼唤着'知识者'传统的复兴（或者可以说，这个词唤起了对于这一传统的集体记忆），这一'知识者'传统，体现并实践着真理、道德价值和审美判断这三者的统一。"①这段论述，齐格蒙·鲍曼阐释了对知识分子在当代的位置问题的理解。这一问题在中国传统文化中也存在，它

---

① （英）鲍曼. 立法者与阐释者：论现代性、后现代性与知识分子 [M]. 洪涛，译. 上海：上海人民出版社，2000.

涉及任何一个社会意识形态建构的主体问题。在中国传统儒家文化体系中，"士人"集团实际上担负了国家意识形态的建构职责，体现了社会体系中思想和精神信仰的构筑功能。无论从中国古代社会状况，还是从西方古今社会面貌来看，知识分子的担当意识都是其社会责任的一部分。因此，考虑人文素质教育的社会价值，必然要从知识分子的信念与社会稳定、常识与社会进步以及思想与社会批判入手。

一、信念与社会稳定

任何社会的稳定，都需要一个总体统一的价值观念和一个基本稳定的社会人群。从中国传统社会来看，儒家文化和士人集团构成了中国古代社会稳定的基本要素。在当代，社会核心价值观和知识群体就起到稳定社会的作用。因此，信仰的建立是在社会价值观念层面要思考的重大问题。每一个社会都有建立在不同的政治、经济模式基础上的主流与核心的价值规范，对于一个社会来说，信仰的稳定性决定着人们的认知水平和行为能力，也维系着社会的稳定。

众所周知，以孔子为核心的儒家思想建立在对周代制度建设的思考之上。在陈来先生的《古代宗教与伦理：儒家思想的根源》①一书中，他谈到了儒家文化建立之初的种种思考，这些思考实际上涉及从殷商以"宗教巫术"立国到周代以"人文伦理"立国的转换。在这一思考中可以发现，两千多年来中国的超稳定结构实际上有两个重要因素：一是"儒家"文化价值观念，二是存在一个"士人""乡绅"集团，这里"士人"和"乡绅"秉承一致的

① 陈来. 古代宗教与伦理：儒家思想的根源 [M]. 北京：生活·读书·新知三联书店，2009.

儒家价值观念，有天下担当时则为"士人"，治理家族时则为"乡绅"，并且"士人"和"乡绅"的角色可以随时转换。这样一种结构便为中国古代社会的稳定提供了"信仰"——作为一套价值观念，它在青年士子的成长过程中以"儒学"为人文素质教育的内容。儒家文化在中国传统社会中的价值规范作用说明，人文素质具有历史语境性内涵，换句话说，人文素质的要素并不是一直不变的，在一定的历史时期，它的基本内涵与社会历史发展状况相关。在中国传统社会，儒家理想和价值观必然成为人文素质教育的内容。

到了当代社会，儒家价值理想中的模式和某些人文因素还有参考价值，比如面对急速变化的现代性浪潮，如何看待"功利性"取向、如何看待"资本"的无孔不入等等，需要在信仰层面予以思考。可以说，这个急速转轨的时代，给人文素质教育提供了机会，使得人文素质教育有了相应的价值，这便是确立信仰的价值。在过去中国社会转轨和剧烈动荡时期也是如此，许多仁人志士将信仰提到国民大计的高度去认识，说明信仰对于社会稳定的作用。其实，信仰是人文素质的一个组成部分，可以应用于对公民的塑造。同时它又是超越人文素质的，有着跨越时间、民族和历史的终极意义。毫无疑问，在信仰层面的管理和建构，能够使一个时代趋向稳定。

自1840年开始，中国持续两千多年的儒家文化体系遭到了前所未有的挑战，伴随坚船利炮而来的不仅是工业文明，而且还有与这一文明相伴随的现代观念。"德先生"和"赛先生"便成为100多年来中国人奋斗的目标。今天，如果放在民族信仰的层面看待这一问题，就会发现，"德先生"和"赛先生"的追求，实际上是一种民族信仰危机下的选择，而这一选择必须与中国的实际情况相结合才有意义，即在上文谈到的"历史语境"的意义下，中国现代意识信仰才会产生。从中国共产党领导中国革命直至胜利的历史事实中，可以发现这里讲的信仰或信念必须结合千百万人民大众的利益才有实现的可能，这一规律现象是和中国传统社会结构模式密切关联的。由信仰到信念，应该说是打开了信仰实现的一条世俗化的道路，为核心价值观的传播提供了机会、方法。儒家价值观念因其现实性、民生性和亲和性的特点而延绵千年。当代中国的小康社会与和谐社会主张，从实际出发，考虑到了中国社会的实际状况，是一种传统理性文明的现代延续，更是我党不断拓新的深刻思考。上述思想的脉络构成了信念与社会的稳定之间的理论根据，也是大学生人文素质教育的应有价值。

二、常识与社会进步

何谓常识？孙中山在其《建国方略》（三）中曾经指出："凡欲固结吾国之人心，纠合吾国之民力者，不可不熟习此书。而遍传之于国人，使成为一普通之常识。"① 此处的常识，显然不同于"普通的知识""一般的知识"这样的含义。在对常识的理解上，英文中有以下几种理解："general sense""common sense""mother wit""practical wisdom"。从以上关于常识的理解中，大致可以概括出"常识"的几种意义:第一，客观的、科学的常识。第二，社会的、规范的常识。第三，传承下来的智慧；第四，实践中获取的经验。常识并不都是进步的，需要注意常识与成规之间的区别、常识与人类认识水平的关系等之间的差别。但是，总体来说，今天所特别强调的

---

① 孙中山，建国方略 [M]. 廖仲恺，译. 武汉：武汉出版社，2011.

常识，更是指一种共同认识，尤其强调的是人民社会建设时期的共同常识，它在某种意义上是用来对抗反科学、反民主的知识。

任何一个社会、时代都要有常识。常识是素质教育的一大主题。中国两千多年的旧文明建立在人伦与天伦统一和谐的常识判断基础上，在儒家文化价值观中，天地君亲师、仁义礼智信被塑造成常识，这是伦理的常识，它维护了以儒家文明为核心的中国两千多年的帝国时代。在民间语言上，对于践踏了伦理纲常的人，会被描述为"几于禽兽"，即几乎等于禽兽，这个判断中已经将封建伦理道德变成了日常生活的准则。所以，封建时代的一些制度被称为"伦理纲常"。

三、思想与社会的批判

在人类社会发展的长河中，思想不仅是文明进步的灯塔，更是推动社会自我革新与批判的重要力量。社会批判，作为一种深刻反思与积极介入现实的思维方式，其根源在于思想的活跃与多元，它促使我们不断审视现状，挑战既有观念，追求更加公正、和谐与可持续的未来。以下将从思想的力量、社会批判的必要性、具体实践路径以及其对社会进步的深远影响四个方面，详细阐述"思想与社会批判"这一主题。

（一）思想的力量：启迪与引导

思想是心灵的火花，是人类智慧的结晶。它不受时空限制，能够穿透历史的尘埃，照亮未来的道路。在哲学、科学、艺术等多个领域，思想的进步不断推动着人类认知边界的拓展。正是这种不断探索与超越的精神，构成了社会批判的基石。思想的力量在于其能够启迪人心，激发人们对真理的追求，引导人们思考何为正义、何为幸福，进而为社会变革提供理论支撑和价值取向。

（二）社会批判的必要性：挑战与超越

社会批判并非简单的否定或指责，而是一种基于理性分析与深刻洞察的建设性反思。在任何一个社会形态下，都不可避免地存在着种种问题与挑战，如不平等、腐败、环境恶化等。这些问题若得不到及时有效的解决，将严重阻碍社会的健康发展。因此，社会批判显得尤为重要。它要求我们以批判性的眼光审视现状，揭示问题的根源，提出改进的方案。通过社会批判，我们可以促进社会的自我反省与修正，推动社会向更加公正、合理、可持续的方向发展。

（三）具体实践路径：多元视角与深度剖析

培养批判性思维：首先，个人需具备批判性思维能力，学会独立思考，不盲从权威，敢于质疑既有观念。通过广泛阅读、深入讨论、实践探索等方式，不断提升自己的认知水平和分析能力。

多元视角审视：社会批判应秉持开放包容的态度，从不同阶层、不同群体、不同文化的视角出发，全面审视社会问题。这有助于我们更加客观、全面地认识问题，避免片面性和偏见。

深度剖析与理论建构：在批判的过程中，不仅要指出问题的表面现象，更要深入剖析其背后的社会结构、经济关系、文化因素等深层次原因。同时，尝试构建新的理论框架或改进现有理论，为解决问题提供切实可行的思路和方法。

积极参与与行动：社会批判不应仅停留在口头或书面上，更应转化为实际行动。通过参与社会运动、志愿服务、政策倡导等方式，将批判精神转化为推动社会进步的力量。

（四）社会批判对社会进步的深远影响

促进制度完善：社会批判能够揭示制度中的缺陷与不足，推动政府和社会各界进行改革与完善。通过不断的批判与建设，可以逐步建立起更加公正、透明、高效的制度体系，为社会的稳定发展提供有力保障。

增强社会凝聚力：在批判与反思的过程中，人们更容易形成共识，增强对共同价值的追求和认同。这种共识和认同是社会凝聚力的源泉，有助于化解社会矛盾，促进社会的和谐稳定。

推动文化创新：社会批判鼓励人们打破陈规陋习，勇于创新尝试。在文化领域，这种批判精神能够激发艺术创作的灵感与活力，推动文化多样性与创新性的发展。同时，文化创新也是社会进步的重要体现之一。

提升个体素养：通过参与社会批判活动，个人不仅能够提升自己的认知水平和分析能力，还能够培养出强烈的社会责任感和使命感。这种素养的提升对于个人成长和社会进步都具有重要意义。

总之，思想与社会批判是推动社会进步不可或缺的力量。在快速变化的时代背景下，我们更应珍视并弘扬这种精神，以更加开放包容的心态面对挑战与机遇，共同推动社会向更加美好的方向前进。

第三节　人文素质教育的社会功能

人文素质教育的落脚点在于培养人，培养具有"文化自觉"能力的人。人文素质教育在这一方面担负着重要的任务，这也是人文素质教育的功能所在。

何谓"文化自觉"？联系中国传统文化精神的根本，可以认为文化自觉表现为一种对本民族文化、对世界文化发自内在心理的担当意识。在甘阳、陈来、苏力主编的《中国大学的人文教育》一书中，他们认为"文化自觉"主要包括两个方面的内容："第一，今天的中国人需要了解中国经济的崛起并非仅仅只有经济史的意义，还具有世界文明史的意义。现在全世界都把中国的崛起看成是 21 世纪的最大事件，认为中国的发展可能会决定性地影响和改变整个世界格局。对中国在当今世界上的这种地位，中国人必须要有自觉的意识，要自觉地从世界文明史的高度来看中国和世界，要自觉地从世界历史的大视野来重新认识中国，重新认识世界。第二，更重要的是，提出'文化自觉'是要指出，我们国家目前的文化状况与中国在世界上的地位很不相称，我们的文化基础非常薄弱，我们的文化底气严重不足，我们的文化历史视野更是相当狭隘。因此，提出'文化自觉'不是要助长文化自大狂，而恰恰是要反对文化自大狂，反对文化浮躁气，反对文化作秀风。我们所说的'文化自觉'提倡的是从非常具体的事情着手，做耐心扎实的文化奠基工作，要特别反对吹牛皮，说大话，搞花拳绣腿。"①

①　甘阳，陈来，苏力. 中国大学的人文教育 [M]. 北京：生活·读书·新知三联书店，2006.

这段话比较充分地反映了我国普遍进行文化素质教育的原因和内在动机，它说明了人文素质教育的文化公共关怀功能，所以，文化素质教育从大处看关乎国家民族的前途未来，从具体微处着眼则与人的综合素质构成有关，涉及情感与价值取向、科学精神、科学知识与科学技能等问题。或可改变封闭、狭隘的内心，进行"心力"的换回，用独立自觉的文化判断去调整教育传统等，这都是人文素质教育的功能所在。而具体到大学生，人文素质教育将在协调个体与社会、明晰思想和知识以及醇化素养和能力等方面实现培养的功能。

一、协调个体与社会

人文素质教育的一些基本元素有利于协调个体与社会的关系，更好地处理自我与社会秩序之间的矛盾。人类不同于一般动物，它有群体性和由群体而结合的社会属性，这一群体既是每一个体有所依托的靠山，同时也可让每一个体感受到文化语境的束缚。在个体与社会之间，这种既互利又互相挤压的现状要求从教育领域协调二者关系，人文素质教育正是解决这一矛盾的关键。

在个体与社会之间，最大的矛盾是个人自由的无限性要求和群体对这种自由的限制之间的矛盾。从人类的天性来说，追求自由是其天然属性，甚至大于生命的价值，正如匈牙利爱国诗人裴多菲所说："生命诚可贵，爱情价更高。若为自由故，二者皆可抛。"①而在人的自由和人类的自由之间，又有所差异。个体的自由首先与自然存在着天然的对抗；其次与人类群体之间存在着利益的不均与意见的分歧；最后，作为加入了群体的个体，存

---

① 裴多菲．裴多菲抒情诗选[M]．兴万生，译．南京：江苏人民出版社，1987.

在着其所属群体与其他群体之间的对抗。在这三层不一致之间，从个体角度来说，人的自由性遭到了压抑，出现了个体与社会矛盾的不同层面，这种不同层面相应地要求为协调它们之间的矛盾产生不同的办法，而这些办法必须能够从具体的个体出发，即能够从个体的意识角度解决其与社会的种种矛盾。

由上述分析，追溯东西方人类历史，可以看到一些解决途径。比如在传统中国，儒家伦理提出了"天人合一"的中庸观念，道家思想则提出"无我""坐忘"的玄学主张，禅宗思想用所谓"菩提本无树，明镜亦非台。本来无一物，何处惹尘埃"的思想大化人生。在"读书人"群体中，面对自我生命的幻化，他们也四处寻找，如晋代诗人陶渊明为解决个人与社会之间的矛盾采取了"积极避世"的态度，渴望"采菊东篱下，悠然见南山"的田园生活，以回归自然田园的方式保持个人人格的独立。宋代大文学家苏东坡感喟人生易逝，在《前赤壁赋》中提出了"寄蜉蝣于天地，渺沧海之一粟。哀吾生之须臾，羡长江之无穷。挟飞仙以遨游，抱明月而长终。知其不可乎骤得，托遗响于悲风"，企图化身自然以解脱生命，成为历代读书人的楷模。在苏东坡解读人生困惑的方法中，我们看到了中国式的文人心态，这种心态维持了在专制制度下生存的人们向往自由的尊严。即便是在今天，苏东坡的解决之道亦成为很多人的生存志趣，正如林语堂的描写，它已经内化为民族的精神元素，不断滋养着这块土地上生存的人们。

今天，随着资本的大肆扩张，生存在当下的人们精神上普遍处于一种渴望自由又身不由己的状态，对于焦虑，人们也产生了不同的解决办法。下面依托两本畅销书的分析进行阐释，在它们的叙述中，都含有对个体与社会紧张感的问题的思考。第一本是米奇·阿尔博姆根据真实经历写作的《相约星期二》，主人公叙述了自己事业有成，但是却疲于奔命的生存状态，忘记了当年初出校门时的热情和理想，对生活感觉疲惫，这不是他所情愿的，换句话说，他并不认为这种生存状态是幸福的，于是他找到了自己的大学老师——年逾七旬的社会心理学教授莫里，希望通过与老师的交流解决心中的焦虑。莫里教授与米奇畅谈生活，他们谈论的话题无所不包，涵盖生活的方方面面、人与社会的各种关系，如何看待世界、如何珍视生命、如何正视死亡、如何处理情感、如何谅解他人、如何面对金钱，对文化做种种反思，还有自怜，遗憾，对衰老的恐惧，对家庭，婚姻和爱的思考……莫里教授的名言是："学会与生活讲和。"他似乎在告诉我们，最好的人格特征并不是一味地斗争，而是学会"与生活讲和"。《相约星期二》不仅在美国，而且世界各地都产生了深远的影响，它和《你在天堂里遇见的五个人》以及《一日重生》被称为米奇·阿尔博姆的"情感疗伤"佳作。余秋雨先生在这本书的序言中写道："临终前，他要给学生上最后一门课，课程名称是人生。上了十四周，最后一堂是葬礼。他把课堂留下了，课堂越变越大，现在延伸到了中国。我向过路的朋友们大声招呼，来，值得进去听听。"

另一本书是《于丹〈论语〉心得》。该书除了有助于唤起大众对《论语》等传统国学的关注之外，对于青少年青春成长期的心理和大众化时代市民的焦虑心理还有一定的抚慰作用。在这本书中，于丹从"天地人之道""心灵之道""处世之道""君子之道""交友之道""理想之道"和"人生之道"七个方面谈起，基本思路是如何协调个体与社会的紧张关系，安置焦虑的心灵，她认为，"我们的物质生活显然在提高，但是许多人却越来越不满了，因为他看到周围总还有乍富的阶层，总还有让自己不平衡的事物……其实，一个人的视力本来有两种功能，一个是向外去，无限宽广地拓展世界，另一个是向内来，无限深刻地去发现内心……我们的眼睛，总是看外界太多，看心灵太少……孔夫子能够教给我们的快乐秘诀，就是如何去找到你内心的安宁。""人人都希望过上幸福快乐的生活，而幸福快乐只是一种感觉，与贫富无关，和内心相连……在《论语》中，孔夫子告诉他的学生应该如何去寻找生活中的快乐。这种思想传承下来，对历史上许多著名的文士诗人都产生了巨大的影响。""当一个不幸降临了，最好的办法就是让它尽快过去，这样你才会腾出更多的时间去做更有价值的事情，你才会活得更有效率、更有好心情。"陶东风先生评价道，"这个快乐哲学的精髓是回避现实和麻痹自己。""好一个快乐秘诀！原来就是阿 Q 精神！即使你生活在最黑暗的时代，即使你看到社会的严重不公，邪恶压倒正义，即使基本的公民权利还没有得到保障，这一切都没有关系，你不必去实践现实的改革，不必去消灭实际存在的社会不平等，不必去改造制度。你所需要的只是发挥你神奇的'内视力'看看你的内心，因为那才是快乐之源。""不客气地说，这只能是'食利者'的快乐哲学，是权贵阶层的快乐哲学。一个饥寒交迫的人是不可能接受这样的快乐哲学的。而如果一个人自己享受着不合理的现实提供的美味佳肴、锦绣貂皮，却劝告草根阶层不要嫉妒，不要不满，不要牢骚满腹，那简直就是不厚道啦。如果这种快乐哲学被接受了，那么，不仅大量贫困阶层，而且我们的国家，都会在这种快乐哲学的催眠下可悲地'快乐'至死。"①

---

① 陶东风. 文学理论的公共性：重建政治批评 [M]. 福州：福建教育出版社，2008.

由上述两本书的内容和相关评述，我们注意到其和士人情怀传统之间的差异，而协调个体与社会的关系事实上也是有着不同的思路的。人文素质教育所着力培养的个体意识并不是风花雪月的小资情调，它一定是和家国情怀密切相连，是文化精神的传承，其间暗含着文化命脉的延续与自觉。在此基础上的个体与社会的关系，就不再是一种对立的关系，而是一种协调的关系，同化、协商、谈判、妥协等多种因素都在其中，最佳的结果并不是彼此的毁灭，而是"讲和"。这就是人文素质教育的功能之一。

二、明晰思想和知识

知识传授与思想倾向是不能分解的，也就是说，单纯的知识传授不能决定知识使用的方向，因此人文素质教育的功能也在于明晰思想与知识的分合关系。对于每一个个体来说，知识的获得需要记忆及一定的身心感受能力和思维能力，而思想的获得则源于自由的愿望、自我意识的强度和群体社会的责任观念。在思想和知识之间有时会产生矛盾。知识具有客观性，随着人类认识水平的提高，知识的面貌存在更新。过去认为是正确的知识，由于时间、空间及人类研究能力、手段的提高会发生变化，比如从普通物理学到量子力学，再到宏观物理学；有时甚至是本质的变化，比如从"地球中心说"到"太阳中心说"，再到今天的"婴儿宇宙"假想理论。尽管有这样的变化，但不能否认知识具有相对的客观性。

人文素养则不同。人类的一些思想和愿望，包括人类历史上某些产生深远影响的思想、对人类无限肯定、给人们以信心的思想，其实可能是一种错误。放在历史的层面就会发现，在思想和知识之间，人类的前进道路历经了鲜花和荆棘丛，思想和知识也都处于发展和变化中，需要细致地剥离缠绕其中的感性认识，看到二者统一和矛盾的方方面面，为今天的思考服务。

首先，知识体现为一种结果，它为思想提供依据。思想是一种思维和判断，它要反思知识的面貌、评价知识的水平和意义。人文素质更多的是为探求知识提供原动力，为恰当的思想提供人性的标准和思维的基础要素，包括自由倾向、感觉能力、逻辑能力等，人文素质教育的深化有助于在不同方面促进二者的发展。对于夯实知识来说，人文素质的培养将注重思维能力、求异能力、抽象能力等，在思想培养上，人文素质教育将发展人类的判断力、批判能力和反思能力。

其次，人文素质教育还有助于提高思想境界和加速挖掘知识，并明晰二者的不同作用。在人类历史上，思想仿佛灯塔，指引着人类前进的方向，包括知识寻找的方向，而人文素质教育将在人文的意义上强化这一观念，特别是自由的观念，这样的努力结果是把知识的地位拉回人间，避免知识理性造成对人类幸福的伤害。

总之，在人才培养中，人文素质教育有助于一个人的全面成长，它从人性深处出发的自主意识、求异的反思思维模式、感性的判断力都将有助于个人思想、素养的提高，促进个体与社会的协调发展，同时也促进知识和思想趋于完善。

三、醇化素养与能力

醇化，是使更纯粹，达到美好而圆满的境界。作为人生修养的人文素质教育，对自我发展，特别是处理素养与能力的关系具有相应的功能。在此，如何醇化素养与能力，是需要思考的一个问题。要达到醇化，就要在素养和能力之间协调到最佳境界，对于个人来说，有素养未必有能力，有能力也未必素养非凡，醇化好二者之间的关系就显得特别重要。

首先，单纯的知识教育有可能使受教者拥有非凡的能力，但是这并不意味着其素养很好。相反，若单一地强调素养，也容易走向精神领域的超越和玄想。恰当的人文素质教育，应有助于协调受教者平衡素养与能力的关系。这里的素养特别是指身心修养方面的人文素质，也指在人类精神生产方面的修养，尤其是在今天科技理性被大力强调的时代，要加强人文理性的关怀，比如对理想、价值观念、美的追求等的关注，从具体形态上来说，比如艺术、音乐、绘画等，在人才培养中，要把综合素质的熏陶与知识教育结合起来进行，避免人才结构的单一化，避免人才培养的单面化。

其次，在人文素养方面，进行更加细密的培养，能够更好地醇化人文素养与能力的关系，要向人文要素的深处开掘。比如，音乐训练不仅是要使受教者产生音乐作品本身的感受，而且更是要在这一训练中培养感受能力；文学素养教育也不是单纯培养受教者去阅读和写作，更是要培养阅读者在阅读和写作中的精神提升。在进行人文素养训练中，从表层看是在进行具体的精神产品形态的熏陶，深层则是对蕴含在这些产品形态中的思维方式、认识方式、价值观念和感觉方式的培养。而这些方式，将成为能力转化的内在动力。

最后，人文素养有助于生活面貌的改变。在此基础上，将会大大提升人们认识的敏感性，影响人们对生活方向的选择，从而转变其能力提升的前进方向。特别是在人文科学、社会科学与自然科学研究的不同领域，人文素养有助于主体把握能力努力的正确方向。比如人与自然的关系，过去强调人征服自然、改造自然，造成了严重的生态失衡，但是近些年来，人们努力的方向转向了环保领域，开始修补自然。这一认识的转变，表层看是人类对自然灾害的反思，认识到了人对自然破坏的危机，深层却涉及人与自然关系的改变，中国传统"天人合一"、人与自然相协调等观念开始苏醒。这都是人文素养所关注的内容。

中国的英雄人物马永顺是新中国第一代伐木工人。20 世纪 50 年代他创造了"流水作业法""安全伐木法""四季锉锯法"等方法，大大提高了木材的采伐水平，这使他成为英雄人物，甚至被写入全国手工伐木作业教科书，但是，伐树所造成的荒漠化使他晚年充满负疚感。1991 年，为了完成补栽一生伐掉的 36500 多棵树，他带领一家三代，到荒山坡上营造义务林，终于完成了夙愿。截至 1999 年，他带领全家共义务植树 5 万多棵。这个事例说明，人文素养教育是时代所需，同时也使人获得了完善的幸福体验，这一事实正是醇化素养与能力的较好例证。

第七章 人文素质培养与心理健康教育

第一节 心理健康教育课中人文素质教育

心理健康教育和人文素质教育都属于素质教育的重要内容。相对于"应试教育"，素质教育注重学生的全面发展，重视培养人的思想道德素质、能力、个性发展、身体健康和心理健康教育等。国内学者大约从 20 世纪末开始了人文精神、人文素质（素养）相关问题的讨论。从人文素质概念的界定，到人文素质教育的具体实施，从理论层面到实践层面，内容涉及非常广泛。而同样作为素质教育重要组成部分的学校心理健康教育，根本宗旨在于提高学生的心理品质，增进学生的心理健康，进而促进其整体素质的提高和人格的健全发展，这些理念实际贯彻着人文精神。本节将从教学实践的角度来谈一下如何在大学生心理健康教育课中进行人文素质教育的渗透。

一、心理健康教育课体现和实践着人文素质教育

（一）人文素质教育的内涵

所谓人文，是指人类社会的各种文化现象。人文素质是指做人的基本修养。它体现一个人对自己、他人以及社会的认知态度和行为准则，是一

个人文明程度的综合体现。人文素质可分为三个层次，即人文知识、人文态度、人文精神。其中人文精神是人文素质的最高形态，而人文精神主要是通过一个人的人生观、价值观、世界观、人格特征、审美趣味等体现出来。人文素质教育就是教会学生"如何做人"，也就是培养学生人文精神的教育。开设人文社会科学课程是在高校进行人文素质教育的常见方式。

（二）心理健康教育课贯彻着人文精神

心理素质在人的整个素质系统中处于基础地位，心理素质的优劣深刻影响着一个人整体素质的发展。心理健康教育提倡一种发展的理念，提倡全人发展、全体发展和潜能开发，这些都贯彻着人文精神。学校心理健康教育就是要以学生成长发展的需要为出发点，关注的是每个学生健全的人格培养、积极的自我意识和潜能开发。心理健康教育要根据青少年身心发展的阶段性特点，帮助他们度过成长中的危机，顺利成长，为其终身发展与最终的自我实现奠定内在基础。

心理健康教育是我国素质教育的重要组成部分，开展的形式多种多样，如心理咨询、心理活动课、团体心理辅导等等。可以课堂讲座形式为主，这区别于中小学生活动为主的课堂模式，也符合大学生的心理发展规律和学校的实际特点。通过这种专题讲座形式的教育活动，教会学生自我领悟，教会学生一种生活的智慧和态度——如何实事求是、客观地看待这个世界、看待他人、看待社会、对待自然，尤其在非常重视人文的今天，学生将来在工作中需要真正做到敬畏生命，热爱生命，关心民众疾苦，用自己的行动体现"仁"的本质，构建与人为善、助人为乐的优秀品质，培养热爱自然、洒脱豪放、与自然和周围人和谐相处的理念。这些都是人文素质教育和心理健康教育共同的教育目标。

在课堂教学过程中，结合学生将来的职业特点，要积极探索并进行人文素质教育的渗透。

二、人文素质教育在大学生心理健康教育课中的渗透

（一）强调"人本主义"的理念

人本主义学派心理学家罗杰斯首倡患者中心疗法，他以心理治疗和心理咨询的经验论证了人的内在建设性倾向，认为这种内在倾向虽然会受到环境条件的作用而发生障碍，但能通过医师对患者的无条件关怀、移情理解和积极引导使障碍消除而恢复心理健康。他指出，人类有机体有一种天生的"自我实现"的动机，所有其他动机都是这种自我实现的不同表现形式，自我实现指的是一个人发展、扩充和成熟的趋向。人文素质教育的目的就是让学生"学会做人"，也就是培养学生的人文精神，这里的人文精神已逐渐成为一种含义广泛的融合的概念，既包含狭义的科学精神中所有的求真、求实、创新、存疑的精神，又包含狭义的人文主义中的求善、求美、自由、本真的超越精神，它是对人的生命价值的尊重，是对生命的一种敬畏，它追求一种"全人观"，它是一种普遍的人文关怀。这种内涵反映着"人本主义"的精髓。所以在教学中，我们特别倡导人本主义的理念，注意营造一种宽松无条件接纳的课堂环境，融入更多的交流互动元素，这样每一位学生都能积极、主动、愉快地参与到整个课堂教学中。由于常规教学模式的影响导致很多学生习惯被动吸收，课堂参与的积极性不高，这就需要教师一开始就调动起学生参与的热情，给予更多的鼓励和接纳。这样不仅会增强心

理健康教育课的课堂效果，而且在潜移默化中，人本主义的一些精神会被学生所接纳吸收，而这些精神恰恰能为学生的人文素质的构建添砖加瓦。

另外，心理因素、社会因素、环境因素对人体有越来越多的影响。医学界非常重视"生物—心理—社会"因素的相互作用对人的健康和疾病的制约。因此在课堂教学中需要让学生意识到，人自身具有巨大的自我修复和自我实现的潜能，在今后的实践中，要融入人本主义的精神，给予他人丰富的人文关怀。

（二）充分引入文、史、哲等人文知识

理工学生大多有重理轻文的倾向，或者由于专业课负担沉重，导致很多学生无暇顾及人文方面的修养。课堂中，充分利用心理健康教育课的优势，在讲解一些原理、方法的时候，恰当引入相关人文方面的典故、寓言，让学生进一步接受人文经典智慧的洗礼，重新激发对人文知识的浓厚兴趣。在素质教育的大背景下，通过典型"高分低能"人物的介绍，促使学生改变固有的"重专业，轻文化"的错误观念，激发学生重视人文知识、发展多方面能力的热情。

文学作品来源于生活，优秀的文学作品更是人文精神的载体和精华，和其他人文科学著作的不同就在于，它蕴含着道德伦理的是非观、美好丰富的情感。在课堂上，教师可以选择与授课内容相关的好作品介绍给大家，尤其一些已拍成电影、电视剧的作品更可引起学生的强烈反响，作品中的某个人物、某个情节、某段描述都可以成为我们课上的案例，或借以宣泄某种情感，或解释某种心理现象，或者可以做一次心理分析。这样一来心理学的方法理论就更容易被学生理解吸收，使心理学知识与生活紧密联系

在一起，也可以引导学生从文学世界中开阔自己的视野，汲取有益的生活智慧，从而丰富自己的人文修养。

心理学起源于哲学，心理学的很多内容本身就蕴含着深刻的或通俗的哲学智慧，例如课上教授大家利用"合理情绪疗法"来调试平时的负面情绪，提示大家多角度看待问题，用辩证的思维来应对生活中遇到的困扰。中国传统哲学思想当中蕴含着丰富的心理调适和心理治疗理念。目前社会中存在的"急功近利""急躁""焦虑"等问题也不可避免地波及大学校园，很多大学生没有明确的人生定位，又受到方方面面问题的困扰，从而陷入了种种心理失调当中。针对这种现状，笔者向大家适当介绍老子的哲学思想。老子生活在春秋时期，当时诸侯混战，统治者强作妄为、贪求无厌、肆意放纵，违背自然规律、社会规律，即"有为"，在这种情形下，老子极力呼吁统治者为政要"无为"，实行"无为而治"，建议不要过多干涉老百姓的生活。老子的"无为"并不是什么都不做，并不是不为，而是要顺应客观态势、尊重自然规律地"为"，不妄为、不乱为。老子的"无为"思想基于对人与自然相互关系的深刻理解，它启发我们每个人都要树立一种超脱的忘我的思想境界，抛掉太多的顾虑，全身心投入当下，以这样的心态去工作、学习和生活。

史学的魅力同样可以在课堂中表现出来，例如在讲情绪与健康关系的时候，"七情"是人体正常的生理反应，而"七情"过激就会给人体造成损害，为大家所熟知的一些历史典故就可以作为案例，像春秋时吴国大夫伍子胥过昭关，一夜之间须发全白；诸葛亮两军阵前大骂王朗，使其羞怒交加被气死而跌落马下；范进中举后喜极而导致精神错乱……这些典故不仅可引起学生广泛的回应，而且加深了对所授知识的理解。再如在讲解大学生性心理这一专题时，为了让大学生在多元文化和价值观的冲击下建立恰当的性观念，应首先向学生介绍我国性学历史发展情况，以及西方的性自由、性解放的历史，再结合目前国际国内各种性观念和经典案例的介绍，帮助学生建立恰当的性观念。这样安排授课，不仅便于学生认可我们的主流道德观、价值观，而且更能领会到"读史使人明智"，唤起学生对历史的浓厚兴趣。

（三）加强教师自身人文修养

从教育的目的与功能看，教育的最高目的就是培养人、唤醒人、提升人的精神，而教育的"产品"就是能够适应社会、积极地参与社会及为社会做出贡献的人。如果教师的专业素养形成中忽略这种精神或教师本身缺乏人文素养，其结果是不可想象的。身为心理健康教育工作者，本身就需要具备良好的人文素养，这样才能将人文元素自然地融入每一堂课。首先，教师需要具备对心理健康教育工作的热情，这样才能不断地丰富自己、完善自己，这种丰富和完善不仅包括知识层面的，更包括心灵层面的，最重要的是要做到认识自我、悦纳自我，只有在此基础上，在面对周围的人，尤其是学生，才能做到自然地接纳、和谐地相处。其次，教师也要更多地与学生接触和交流，了解他们的想法，及时获得授课情况的反馈，这样做不仅可以调动学生听课的积极性，而且能挖掘出学生的独特资源，对教师的教育教学工作产生有益的补充。值得一提的是，教师自身人文修养的提高同样是一个漫长的过程，在工作、生活过程中也会遇到方方面面的障碍，我们每一位教师都需要保持乐观积极的心态，勇敢迎接每一项挑战。

总之，大学生心理健康教育课是一个进行人文素质教育的非常好的途径，我们通过观察和调查发现，大学生对心理健康教育课表现出极大的热情，课堂参与度相对较高，课后很多同学也非常愿意和教师主动交流，这对他们的顺利成长和人文素质的提升是非常有益的。所以我们应该好好利用这一途径，给学生更多的资源和启发，使大家都拥有丰富美好的人生。

第二节　心理素质教育中提升大学生人文素质的途径

人文素质主要包括人文知识、人文精神、人文行为三个方面。人文素质教育不仅应该包括"知"——了解人文知识，更应包括"行"——践行人文精神、修正人文行为，这样才符合人的全面发展的科学内涵，帮助大学生在接受人文教育的同时能够使其深入思考人生的本真，进而实现自我的升华。大学生心理素质教育课作为一门注重体验、讲究应用性与实践性的课程，不仅有利于人文知识的普及，更有利于人文知识的实践。

一、在心理素质教育中渗透人文教育的可行性

人文素质体现着一个人对自己、他人以及社会的认知态度和行为准则，是一个人文明程度的综合体现。它的最高表现形态就是人文精神，主要是通过一个人的人生观、价值观、世界观、人格特征、审美情趣等体现出来。人文素质教育的目的就是要教会学生"如何做人"。在这一点上，人文素质教育与心理素质教育课是相通的。大学生心理素质教育课并非是心理学的专业课程，不以讲授心理学专业知识为目的，而是根据大学生心理发展的

特点，从教育与发展模式出发，让不同年龄的大学生了解成长过程中可能遇到的问题，掌握处理心理问题的态度与方法，引导学生形成正确的精神需要，指导学生发挥自身潜能，最终获得心灵的成长、学业的成功。

大学生心理素质教育课的内容更多指向大学生关于自我意识、人格发展、人际关系、个人成长、生命等主题的意识活动。心理素质教育课程的意义就在于满足大学生来自精神层面的心灵追求，让学生懂得修身是齐家、治国、平天下的基础，是促进社会和谐之根本;让学生懂得唯有心灵的满足，才是真正的幸福。大学生心理素质教育课体现了人文素质教育的灵魂——对人心灵的培养，可以加强大学生对人生意义、生命价值的认识。因此，大学生心理素质教育课就成为人文素质教育最重要的路径。

二、心理素质教育中培养人文素养的途径与策略

（一）转变教学理念，以人本主义学习理论为指导

心理学家罗杰斯的人本主义学习理论指出人类生来就有学习的潜能，教育应以学习者为中心，充分发挥他们的潜在能力。因此，教师应以大学生为中心，充分发挥每个学生的潜在能力，倡导人本主义的理念。首先，注意营造一种轻松的课堂环境，使学生在教学情境中感到自信、放松和安全。其次，当学习涉及信念、价值观等内容，由于这些内容涉及学生的自我概念，会与学生的自我认识形成冲突，学生往往会采取防御抵制的态度。但如果在一种相互倾听、理解、支持的环境里与大学生进行平等的探讨，他们就能够在主动参与中识别与体验不同的意义，并试图把它们组合起来，价值观念的教育自然而然就取得了进展。再次，真正体现出学生的主体地位。

重视学生的主体地位和学生内部需要、动机、兴趣、能力、知识经验，让学生主动地、负责地参与到学习过程中，进行自我探究、自我发现、自我创造、自我评价。学生成为课堂的主导者，教师成为"催化剂"。对涉及学生自身的情感、兴趣、需要等学习内容，自我参与的学习效果最深刻、最持久。最后，构建真实的问题情境十分必要。为使学生由衷地认可某一观念，就必须让大学生直面与他们自身的意义或价值有关的问题。切忌将问题概念化、与大学生的现实生活隔绝开来，要让他们经历真实情境，以真实的问题情境来引发他们思考，促使他们从内心寻求改变。

（二）依托团体活动，在活动中提升人文素质

团体活动是在团体情境下进行的一种心理辅导形式，是为了吸引团体成员积极投入与参与，引发成员互动与成长而设计的活泼有趣的讨论、游戏等活动。团体活动不仅注重活动过程中的参与，更强调活动结束后的交流与讨论。通过鼓励和引导成员分享多样化的观点和资源，产生思想的碰撞，获得内心的感悟，从而达到澄清观念、提升认识、改变行为、促进成长的目的。因此，以团体活动作为人文素质教育的载体，将某些人文主题设计成团体活动，将空洞的人文概念转化为现实的体验情境，通过团队互动、活动、体验、分享、讨论等形式将人文知识内化为人文素质。以培养合作精神的团体活动为例。在团体活动中，将大家分成若干小组，以小组的形式共同完成某项任务，通过小组成员之间的相互关心、信任、支持、交流、协作，令大家感受到彼此的关心和尊重，建立起直接的社会支持、共享的亲密关怀。通过活动中切实的感受将这种积极的体验与关系内化为内心的信念、价值观。

（三）善用心理剧，在角色扮演中提升人文素质

人文素质属于人文社会学科的内容，与自然科学有着本质的区别。比如，社会对个体所承担的角色提出了相应的规范与期望，即角色的权利和义务对角色行为范围的限定。然而，在现实社会环境下，个体往往会根据社会文化、社会环境、时间等因素的不同而做出不同的行为选择，因此，一种人文素质内容就可能产生多种变式。这就给人文素质的教育造成了一定的困难，人文素质教育若不能体现出差异化，便容易导致内容空洞、高高在上、脱离现实。而心理剧可以解决这一难题。心理剧也称社会剧，是一种团体心理咨询与治疗的形式。让个体扮演某种角色，使其重新经历情绪冲突的体验，在指导者的引领、支持和帮助之下，探索个体的人格特征、人际关系、心理矛盾等，使心理问题得到解决。心理剧最主要的技巧是角色扮演，将社会中的现实问题呈现在舞台上，让个体在角色扮演的过程中，把观念、行为模式表达出来，与剧情产生共鸣，重新审视内心，从角色中受益。心理剧可以将人文问题变得更加形象化、生活化、深入化，能够整合个体的认知观念和行为模式，帮助个体建立正确的行为模式，形成健全的人格。

人文素质教育应践行知行合一的教育理念，将人文知识转化为具体的行为、理念，达到人文素质教育的终极目标，即人的全面发展。而心理素质教育中的理念、教育活动能够成为人文素质教育的有力保障，让学生在活动体验中明确个人的社会责任，学会包容与合作，树立积极的人生态度。

参考文献

[1] 李宪芹.高职院校大学生心理健康存在的主要问题及成因分析 [J].承德职业学院学报，2007（2）：12-14.

[2] 王世伟，马海珊，李阿特等.积极心理学视野下的高校心理健康教育模式建构 [J].中国校外教育，2019（12）：90-91.

[3] 罗新兰.大学生心理健康教育 [M].杭州：浙江大学出版社，2014.

[4] 房宏驰，王惠.心理学视角下高职院校体育教学改革的思考 [J].教育现代化，2019，6（50）：33-34.

[5] 翟亚丽.论家庭因素对大学生心理健康状况的影响及对策 [J].卫生职业教育，2015，33（3）：154-155.

[6] 郝颜.职业院校大学生心理健康不良的产生原因分析及对策 [J].课程教育研究，2019（15）：34-35.

[7] 向芬.大学生思想政治教育与心理健康教育的整合:基于协同视域 [J].学理论，2016（7）：248-249.

[8] 贾宝莹.高校大学生网络心理健康教育与创新咨询方式研究 [J].科教文汇，2019（2）：157-159.

[9] 黄欣荣.大数据时代的思维变革 [J].重庆理工大学学报：社会科学，2014，28（5）：13-18.

[10] 张艳. 高校贫困生心理问题分析与救助 [J]. 江苏高教，2012（01）：133-134.

[11] 刘伟，丛小玲. 大学生人文素质培养与实践 [M]. 沈阳：东北大学出版社，2015.

[12] 戴丽红，潘光林. 立德树人 全面实施素质教育——大学生素质教育研究与实践 [M]. 西安：西安电子科技大学出版社，2017.

[13] 袁进霞. 新时代大学生素质教育新论：基于应用型人才培养的视角 [M]. 北京：地质出版社，2018.

[14] 解梅，陈红. 理工类高校人文素质教育研究 [M]. 兰州：甘肃文化出版社，2013.

[15] 李国强. 心理健康教育课程设计与开发 [M]. 湘潭：湘潭大学出版社，2017.

[16] 邬向明. 素质教育知行录 [M]. 北京：人民教育出版社，2012.

[17] 郭小平. 高职学生心理健康教育研究与评价 [M]. 天津：天津科学技术出版社，2013.

[18] 赵晓和，张国定. 大学生文化素质教育研究与实践 [M]. 合肥：合肥工业大学出版社，2010.

[19] 闫颖. 高职大学生职业人文素养 [M]. 天津：天津大学出版社，2014.

[20] 王国雨. 经典与修身大学生人文素养读本 [M]. 杭州：浙江工商大学出版社，2014.